*"Por um mundo mais justo para
o Rafael e para a Júlia."*

Guilherme de Azevedo Portanova

Impacto Social
A moeda da nova economia

O movimento que está revolucionando os negócios.

1ª Edição

Brasília, DF
2018

Projeto Gráfico: Theo Guedes
Editoração Eletrônica: Theo Guedes
Capa: Theo Guedes
Foto da capa: TLpixs/Shutterstock
Revisão de Português: Carmem Becker

DADOS INTERNACIONAIS PARA CATALOGAÇÃO NA PUBLICAÇÃO (CIP)

P842i

        Portanova, Guilherme de Azevedo
           Impacto social : a moeda da nova economia: o movimento que está revolucionando os negócios / Guilherme de Azevedo Portanova. – 1. ed. – Brasília, DF: G. de Azevedo Portanova,
        2018.
        272 p. ; 21 cm.

        ISBN 978-85-906305-0-0

        1. Economia social. 2. Responsabilidade social da empresa.
        3. Administração de empresas – Aspectos sociais. I. Título.

                                       CDD – 334

Roberta Maria de O. V. da Costa – Bibliotecária CRB-7 5587

*"A maioria das pessoas passa a vida apenas tentando sobreviver.
O restante delas se perde em distrações."*
(Quem se importa – Mara Mourão)

*"Uma mente que se abre para uma ideia nova
jamais retorna ao tamanho original."*
(Albert Einstein)

*"Há muitas maneiras de morrer,
mas a fome é uma das mais dolorosas."*
(Muhammad Yunus)   V

AGRADECIMENTOS

Este livro é resultado de muitas leituras e de uma boa dose de experiência prática. Nessa caminhada, conheci muita gente e obtive lições de profissionais muito competentes, às vezes, sem qualquer pretensão de ensinar. Isto torna quase impossível lembrar de todos na hora dos agradecimentos. Estou convencido de que muitas das lições que recebi acabarão misturadas a outras e o que alguém me contou está somado a algo que vivi, de forma que erros, esquecimentos e imprecisões são inevitáveis. A lista que segue é uma forma sincera de reconhecer aqueles que fizeram parte da minha formação mais recente e, de forma mais efetiva, impactaram na minha visão sobre impacto social.

Inicialmente, gostaria de agradecer às pessoas que forneceram diretamente informações sobre suas iniciativas para gerar o conteúdo do livro. É o caso de Marisa Maneri, meu contato na Kickstart International, que prontamente atendeu aos pedidos de informação que encaminhei. O mesmo aconteceu com Sila Vieira, do Carteiro Amigo, do Rio de Janeiro. O empreendedor social, Howard Weinstein é um dos exemplos inspiradores com os quais conversei na elaboração do livro. O criador da Solar Ear é um modelo de competência, superação e conhecimento que merece ser seguido. Sou muito grato pela cordialidade e atenção que Mr. Howard me dispensou em todos os contatos – muitos repetidos e inconvenientes – que insisti em manter para contar um pouco da história da empresa que está devolvendo a audição a milhares de pessoas.

Agradeço sinceramente a meu amigo, Fábio Silva, da Porto Social. É um talento natural. Uma máquina de promover transformações sociais e pensar modelos. Torço muito para que eu consiga absorver um pouco da capacidade do Fábio para desenvolver pessoas e comunidades. A Porto Social é uma agência que pode ajudar muito os governos na retomada do atendimento à população. Que bom se conseguirmos montar uma em cada Estado do Brasil. Terei o maior prazer em ajudar nessa tarefa.

Eu não teria conseguido entrar no campo do impacto social, não fosse o trabalho de meu amigo, Yuri Suertegaray Bandeira, brasileiro, residente no Canadá, onde estuda justamente o papel dos negócios sociais em um novo modelo de sociedade. Foi dele a primeira lista de leitura sobre o tema e as primeiras indicações sobre que caminho seguir.

As leituras recomendadas por Yuri me tiravam o sono e em uma das madrugadas acordado, descobri a Artemísia e, imediatamente, fiz matrícula no curso de negócios sociais pela plataforma on-line. Foi como descobrir um pedaço interno que eu não conhecia, mas precisava explorar. Senti afinidade imediata com a missão e passei a ter outra visão sobre mercado e economia. Por isso, voltei a conversar com a Artemísia quando decidi escrever e, prontamente, fui atendido.

Segui o caminho de estudos e descobri a Yunus Social Business e sua representação no Brasil. Alguma coisa me empurrava para os negócios sociais e tive certeza do quanto quero trabalhar com isso e com transformação social (incluindo da Economia) pelo resto da vida. À época, a Yunus estava abrindo um escritório em Brasília/DF e pude estreitar o contato. Conheci o mestre Rogério Oliveira, comandante da Yunus no Brasil, e ficou claro que o modelo defendido pelo Nobel da Paz é um caminho sem volta. Os mais tradicionais podem imaginar que seja impraticável e até pode levar mais alguns anos, mas a mudança é certa. Há necessidade de uma nova economia e ela passa pelo que os empreendedores sociais têm feito diariamente, mesmo que ainda sem grande divulgação; mas até nisso estamos avançando.

Meu contato com a Yunus resultou na grande oportunidade de conhecer o então representante no Distrito Federal, Vitor Belota. Além de comandar o escritório, ele era o presidente de uma das ONGs mais premiadas e admiradas do Brasil: a Litro de Luz. Aqui, cabem algumas palavras a respeito. Vitor trabalhava como voluntário no Quênia quando percebeu que os professores das escolas da periferia tinham muita dificuldade em corrigir provas dentro das salas, pois não havia luz elétrica. Pesquisando na internet, descobriu que um brasileiro havia inventado uma mistura de água e água sanitária que, ao ser colocada em garrafas plásticas transparentes, consegue refletir luz com potência semelhante à de uma lâmpada, desde que parte fique exposta ao sol e a parte restante esteja do lado de dentro em ambiente mais escuro. Vitor e seus colegas passaram a esburacar telhados e espalhar as garrafas pelas escolas e residências na região onde trabalhavam. A Litro de Luz mudou a tecnologia; atualmente trabalha com placas solares e circuitos simples. Segue sendo um sucesso mundial. Vitor é um bom amigo e tem uma capacidade enorme de pensar a transformação social. A ele agradeço pelo amadurecimento da minha visão sobre a pobreza e o potencial de transformação das pessoas.

Depois de começar a militância pelo impacto social, conheci o mundo das *startups* e das aceleradoras. Foram muitas pessoas interessantes e que marcaram a minha formação. Nesse novo caminho, tive padrinhos importantes como Fernando Santiago e Juliana Guimarães, da Acelere.me e 4Legal. Eles fazem um trabalho importante no desenvolvimento de negócios no Centro-Oeste do Brasil. Não posso deixar de registrar o aprendizado com Henrique

Guimarães, da aceleradora Cotidiano, que me deu a chance de conhecer e virar mentor do Ribon, descrito neste livro.

Por falar em aceleração e apoio, agradeço a meu amigo, Valdir Oliveira, ex-presidente do Sebrae/DF e secretário de desenvolvimento do Distrito Federal. Um lutador pelo crescimento da economia e dos pequenos empreendedores. Embora, tenha sido formado dentro da lógica do mercado e dos negócios tradicionais, Valdir nutre uma admiração secreta – e que revelo aqui – pela nova Economia. Pela sua confiança, agradeço sinceramente.

O trabalho como jornalista me deu a chance de conhecer importantes mentores; mentes luminosas. Uma dessas pessoas é o meu professor – mesmo que informal – Júlio Miragaya; ex-presidente do Conselho Federal de Economia. Tive a grande oportunidade de ouvir e aprender com sua vasta experiência. Poucas pessoas conseguem trabalhar tão bem com estatísticas sem apegos aos conceitos débeis do senso comum. Cansei de ouvir os discursos repetitivos oriundos do segmento de Economia pregando todos a mesma coisa, como um martelo diário que tenta empurrar besteiras econômicas cabeça a dentro de toda a população, como quem convence a vítima a beber o copo de veneno. Coisas como, "o mercado não gosta de intervenção do governo", "o resultado da balança comercial foi positivo e isso é ótimo para a economia." Verdades estabelecidas sem que mergulhemos 15 centímetros para explicar de fato aquilo que estamos dizendo. Uma das coisas que mais admiro no professor Júlio Miragaya é o seu desapego pelo rumo para aonde aponta a manada. Tenho a impressão de que, para ele, a Economia é um instrumento para que promovamos o bem, e não um fim ao qual todos temos que nos curvar. Agradeço pelas lições.

Minha trajetória pelo impacto social tem duas dimensões. Uma prática e outra teórica. Não posso esquecer da parceria com meu amigo e *designer*, Fernando Hiro, nas iniciativas em que me arrisquei a colocar a mão na massa. Com ele, aprendi muito sobre sensibilidade na hora de planejar e amadurecer a essência de iniciativas de impacto social. Conheci poucas pessoas com tamanha capacidade para enxergar a alma por trás dos projetos.

Ainda falando sobre teoria, tenho aprendido muito sobre Estado, política e minorias nas conversas com meus colegas e amigos, Fabiano Bonfim e Juliano Lopes, cada um em uma área de atuação. O primeiro, pela tremenda noção do que é de fato a vida na periferia, as demandas reais da população pobre e engajamento político. O segundo, pela sincera entrega às causas sociais como um projeto de vida incondicional. Os dois são exemplos que tive a sorte de conhecer.

Quero agradecer a Maria de Jesus, da Creche Alecrim, de Brasília, pelo que me apresentou em termos de competência, amor e dedicação às crianças que têm tão pouco. A instituição merece total confiança e é uma prova de que podemos acreditar no ser humano.

Antes de terminar, gostaria de registrar meus sinceros agradecimentos aos amigos que têm ajudado muito na minha formação no mundo dos negócios. Em especial, André Eloy Soares, do Cocriatório, e Hélio Guilherme, da NowGo, são companheiros com os quais tenho aprendido e dividido horas de estudo em nome da transformação e do empreendedorismo com propósito.

Não posso esquecer de agradecer sinceramente ao advogado, ex-deputado e ex-prefeito do Município de Brusque, Santa Catarina, Paulo Eccel, pelo apoio e pelas apostas que fez em um dos meus primeiros movimentos com foco em impacto social. Aquele projeto inicial, em 2004, foi pensado antes mesmo que eu entendesse que há uma metodologia para o impacto social. Era como descobrir um caminho novo no escuro sem qualquer ajuda ou interesse de autoridades constituídas. Conversamos bastante no gabinete do então deputado estadual e foi possível criar uma proposta. Atualmente, o modelo seria outro, mais maduro, mais simples e mais eficiente. Acredito muito no poder dos Municípios e das comunidades locais. Eles podem fazer a transformação que as políticas com foco nacional nem fazem ideia que seja possível.

Que esta obra reforce o interesse do meu amigo Paulo Eccel em construir a cidade que funciona e possa espalhar para outras pessoas o desejo de um mundo mais justo. Os exemplos estão aí, publicados e vivenciados diariamente. Nós não pararemos. Faremos a sociedade que desejamos com pessoas vivas e ativas que não precisam agir como ferramentas.

Devido aos custos absurdos impostos pelo mercado editorial, este livro é uma obra independente. Produzi o conteúdo, escrevi, fiz a revisão do texto e pude contar com dois profissionais de enorme dedicação para a formatação visual das versões impressa e digital e para a correção gramatical em português. Por meses tentei contratar o trabalho de editoras oficiais, mas os custos de produção eram, no mínimo, oito vezes mais elevados e o valor que eu poderia obter pelo preço de capa seria uma piada de mau gosto caso caísse nas grades das livrarias. Pesquisando por profissionais independentes, cheguei a Theo Guedes e Carmem Becker, os quais sobrecarreguei de trabalho. Suas propostas foram a salvação da obra e o caminho possível para publicação. Agradeço sinceramente a competência e dedicação ao texto e o capricho da apresentação. Não ficaram devendo nada para empresas que apresentaram custos bem mais altos. Com eles pretendo trabalhar em lançamentos futuros.

Por fim, preciso registrar a tremenda paciência da Liana, minha esposa, do Rafael e da Júlia, meus filhos, pelo tempo que dedicaram a ouvir propostas, projetos e discursos sobre os negócios sociais, pobreza, injustiça e demais amarguras que carrego e despejo sobre eles com frequência. Eles são fortes e têm aguentado as minhas chatices.

SUMÁRIO

Como utilizar a experiência social do livro IMPACTO SOCIAL – A moeda da nova economia.

— Baixe na loja de aplicativos do seu smartphone um aplicativo de leitura de QR codes.

— Utilize o aplicativo de leitura de QR codes para ler os QR codes espalhados pelo livro.

— Esses QR codes encaminham para o Twitter e criam uma experiência social de leitura, agrupando opiniões, ideias e reflexões sobre o conteúdo por meio de hashtags e facilitando a troca de experiências entre os leitores e o autor.

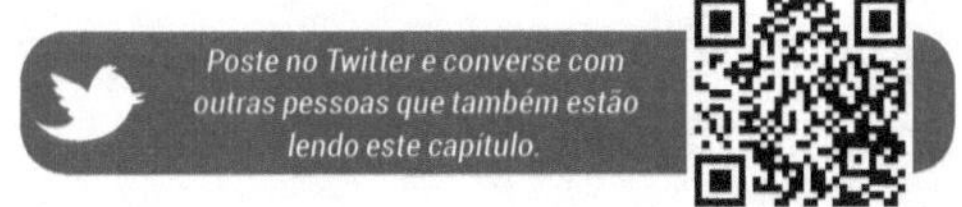

INTRODUÇÃO

#edb_Introducao

Caro leitor, quero lhe dar uma informação que, talvez, soe como má notícia. Garanto que não é. Este é um livro que trata de economia, mas ao adquiri-lo não encontrará a fórmula para conquistar seu primeiro milhão, multiplicar seus ganhos com ferramentas mentais ou acumular e acumular cada vez mais. Confesso que até relutei contra o meu editor sobre tirar fotos de camisa de marca com as mangas casualmente dobradas perto dos cotovelos e com o sorriso simpático, como quem diz: "Experimente. Assim como eu, você também pode." Não. Esta obra é fruto de alguns anos de estudos, horas e horas de desencanto diante dos telejornais de televisão, da desistência dos noticiários impressos, de um histórico de vida ligado ao impacto social e muitas, muitas palestras.

Não tenho como ensinar a enriquecer, mas posso ajudar a semear uma ideia para que frutifique e todos ganhemos. O DNA desta obra e do meu trabalho atualmente é a distribuição de riquezas e, por isso, não poderia gastar meia página em fórmulas de acumulação ou maquinações psicológicas para promover a disciplina do ganho individual apenas... Mas calma. Dá para ganhar bastante, ver os demais ganhando também e transbordar de satisfação.

"Pergunte-me como!"

Este livro nasceu quase como geração espontânea. Nos últimos anos tenho sido bastante requisitado para ministrar cursos e dar palestras que tratam de transformação social. Tenho estudado tanto o tema que passei a modelar apresentações com certa facilidade, adequando conteúdo e dinâmicas à natureza de cada evento. Durante a elaboração de um esboço, percebi a quantidade de material que tinha no meu computador e resolvi fazer um teste. Abri uma página em branco no computador e passei a lançar tópicos. A partir deles, subtítulos, e assim, os termos foram se ramificando. Havia material de sobra para escrever. O curioso é que a cada novo desdobramento do conteúdo, percebi o quanto me envolvi com o tema da transformação social ao longo de toda a minha vida. Ele sempre esteve presente, embora nem sempre fosse percebido como tal.

Nasci em Porto Alegre, no Rio Grande do Sul, e de alguma forma, a vida da minha família sempre esteve ligada a algum tipo de ação para melhorar as condições sociais. Meu pai, hoje aposentado, trabalhou como médico da rede pública de saúde. Minha mãe, advogada e procuradora da Prefeitura de Porto Alegre, passou a vida envolvida com a regularização de bairros populares, urbanização e alguma forma de dar condições de sobrevivência à população de baixa renda. Lembro até hoje, dos mutirões para construção das chamadas "casinhas de emergência", que nada mais eram que cubículos de madeira barata para alojar pessoas que perdiam seus barracos ou desabrigadas por fenômenos naturais. Meu falecido avô materno, José Lacerda de Azevedo, teve a vida marcada por uma ação social dentro da Medicina (em boa medida gratuita) e pela fundação da entidade chamada Casa do Jardim. A tese de sua vida era provar a possibilidade de cura do corpo através do espírito em uma técnica conhecida como apometria. De certa maneira, há fortes relações entre este método e os princípios da física quântica. O atendimento da Casa do

Jardim sempre foi gratuito e a arrecadação de alimentos doados pelos pacientes servia para manter a sopa oferecida a centenas de pobres e moradores de rua de Porto Alegre.

O antecedente dentro de casa foi a cultura que, embora não me fosse exigida nenhuma atuação direta, formou a minha personalidade. Em 2001, imaginei o primeiro modelo de sistema sustentável ambiental e economicamente. O projeto batizado de ESIS – Economia Solidária e Inclusão Social – chegou a entrar no planejamento da prefeitura do Município de Brusque, em Santa Catarina, quando o ex-deputado Paulo Eccel foi eleito para o Executivo Municipal. O apoio do parlamentar e o interesse pela proposta foram essenciais para que eu entendesse que estava no caminho certo. Infelizmente, por questões políticas, não chegou a virar realidade, mas carrego até hoje com carinho as conversas que ajudaram a amadurecer a proposta. Era um modelo interessante, mas um tanto complexo. Não interessa aqui entrar em detalhes sobre esta ou aquela iniciativa. A ideia é apresentar o contexto a partir do qual construí as experiências que resultaram neste livro.

A partir de 2001, passei por duas fases de estudos. A primeira com maior propensão para entender e aprender a respeito de medidas ambientalmente corretas. Depois de 2010, começo a ter contato novamente com iniciativas de impacto social até que passo a ler a respeito dos negócios sociais. O interessante é que em alguma medida, o conteúdo das leituras e estudos passou a ser vivenciado na prática no desempenho das funções de repórter e apresentador. Um exemplo foram as chuvas que devastaram as cidades da serra do Rio de Janeiro. Recebi a missão de ir para o local para fazer a cobertura do desastre natural. Em alguns momentos, deixei a função de repórter para ajudar no

3

auxílio de pessoas que passavam por dificuldades. Era natural tentar ajudar ou conectar as pessoas às possíveis soluções.

O livro está estruturado de forma a gerar algumas provocações. A primeira está logo no início. O modelo econômico atual é insano e não produz tanta prosperidade quanto o mercado e os meios de comunicação noticiam. Os ganhos advindos do mercado não são generalizados, ficam concentrados nas mãos de quem já tem bastante riqueza. Com o tempo, a tendência é de aumento das desigualdades. É claro que existem alguns pequenos avanços para a população mais pobre, mas como movimento acidental da economia, e não como foco principal.

O conteúdo dominante no debate social – a dita opinião pública – concentra todas as mazelas sociais na baixa qualidade da prestação do Estado. Há toda uma montanha construída em torno da ideia da ineficiência dos governos. Por outro lado, as empresas são santificadas porque dão emprego e são tratadas como a imagem da eficiência. Esta é uma distorção proposital. Nem todos os problemas estão no setor público e nem toda a virtude está na ação do empresário. Casos de corrupção empresarial são tratados pela opinião pública como acidentes em uma trajetória santificada e a corrupção praticada por um empresário é noticiada como o único meio de relacionar-se com governos corruptos.

> **"Todo mundo sabe que a missão do empresário é conseguir, pelos meios possíveis, fazer a sua empresa atuar e sobreviver."**
> (Advogado de um empresário em um telejornal, explicando o motivo para que seu cliente tenha corrompido agentes de fiscalização para obter um alvará de construção.)

Por outro lado, a incompetência e a corrupção são apresentadas como generalizadas no Estado. O maior problema dos argumentos não é apenas o maniqueísmo infantil da abordagem. Pior que isso é que, a partir da ideia de que a política não serve para a sociedade e que tudo é corrupção, nascem movimentos para acabar com a política. Nasce um desejo por governantes de perfil empresarial ou não político, ao lado de partidos com programas contraditórios que funcionam muito bem no papel e na propaganda, mas que são pouco eficazes para atender as demandas de uma administração pública. Um exemplo: é comum que em programas desses administradores defenda-se o livre mercado, e não a intervenção do Estado. Elimina-se a esfera pública sob a justificativa de ela não funcionar bem.

A questão que se impõe é que a complexidade imposta diante da Administração Pública é muito maior do que aquela com a qual o empresário precisa lidar na empresa privada. Ao defender a não intervenção do Estado nas atividades da sociedade – o Estado Mínimo –, não é percebida a enorme pressão exercida pela desigualdade social que só pode ser combatida com intervenção do Poder Público. A livre regulação do mercado não levará justiça social aos pobres. Quem defende o liberalismo, precisa ser confrontado com o profundo desafio do equilíbrio social a menos que o programa de governo considere que não existe necessidade de efetivação de programas sociais e cada um deve se virar sozinho.

O livro começa com a demonstração da falência do sistema econômico atual. O fracasso do Estado não é a derrota do partido que está no poder. É o fracasso da sociedade, de todos. O péssimo desempenho dos governos não implica a necessária eliminação do Estado ou sua extinção. É possível dar conta da tarefa de reequilibrar a sociedade. Seguindo no livro, vamos mostrar como promover impacto social, que tem sido a forma mais eficaz de promover justiça social atendendo aos requisitos de geração de valor impostos pelo capitalismo.

Na parte final, vamos apontar exemplos sobre como a proposta de uma economia social não está flutuando no plano das ideias. Há resultados práticos e consistentes, inclusive em termos financeiros. São casos espalhados pelo mundo, no qual atividades lucrativas estão sendo usadas para reconstruir os elos sociais que deveriam unir a todos, mas que, desatados, geram o caos que experimentamos atualmente nos países da periferia, subdesenvolvidos, novas colônias ou como queiram chamar. O leitor vai perceber que ao longo dos capítulos, aparecerão personagens e histórias de problemas comuns enfrentados todos os dias. Para tornar o conteúdo mais claro, decidi intercalar cada trecho com personagens fictícios. Os casos narrados não são reais, mas estão baseados em modelos existentes no campo social e que bem poderiam ser verdadeiros. Esses casos fictícios serão publicados em textos diferenciados, entre barras em tons de cinza, para que sejam facilmente identificados. Os demais casos – publicados em caracteres normais – são todos reais, como o da Maria de Jesus, moradora da Cidade Estrutural, no Distrito Federal.

O livro deu bastante trabalho e, a despeito de possíveis provocações, espero que seja uma obra útil para que comecemos a pensar mais no mundo como podemos fazer e não tanto nas coisas como elas são. O modelo econômico atual não é capaz de dar conta das demandas de uma população que não para de crescer frente à escassez de recursos. Não podemos tentar aplicar a receita inventada pelo liberalismo em um contexto completamente diferente daquele que se apresenta como desafio para as próximas décadas. Felizmente, o caminho das soluções sociais já é realidade e os resultados são impressionantes.

Guilherme Portanova

Espero ajudar a tornar esses caminhos mais claros e frequentes. Essa é uma das minhas missões.

Espero entregar mais do que um livro. Meu objetivo é tentar criar uma experiência sobre um novo jeito de pensar e empreender na sociedade. Sinceramente, escrevi com o coração e espero que goste.

> **"O governo não consegue dar conta nem das necessidades mais básicas da população."**
>
> (Avaliação de uma pessoa que reclamava da demora para emissão de passaportes pela Polícia Federal em entrevista a um noticiário de televisão no Brasil.)

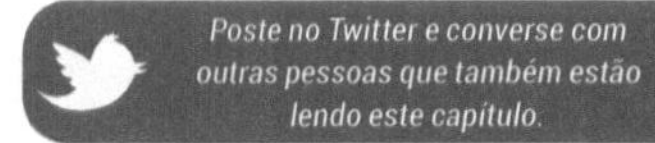

POR QUE UMA NOVA ECONOMIA?

#edb_PqNovaEconomia

> **Os bancos centrais sempre salvam os bancos, mas nunca as pessoas.**
>
> (Harvey, David)[1]

7 de setembro de 2008, a Casa Branca anuncia que vai usar dinheiro dos contribuintes para salvar duas empresas gigantes do ramo de hipotecas. Havia algo de errado com o enorme mercado imobiliário que há décadas vinha sendo uma das bases do sonho americano da propriedade. A partir dessa medida, as grandes casas dos subúrbios, sem portões ou grades e com enormes garagens/oficinas não estariam mais tão próximas dos planos do norte-americano médio. No dia seguinte, as ações do Banco Lehman Brothers – um dos quatro maiores em investimentos dos Estados Unidos – registraram queda de 45% no seu valor. Para investidores, especuladores e boa parte da turma de Wall Street era inacreditável.

O colapso do derretimento do mercado deixaria expostos bolhas, papéis sem valor e uma montanha de irresponsabilidades... Tudo vindo à tona. Metade do Planeta parou imediatamente para acompanhar os desdobramentos e o que ocorreria com contratos, promessas, dinheiro, poupanças, garantias, credibilidade,

---

1 Harvey, David. *17 contradições e o fim do capitalismo*. (Locais do Kindle 3052). Boitempo Editorial. Edição do Kindle.

índices de medições de risco ou oportunidades. O mercado que era volátil por natureza enfrentava a própria fúria. A outra metade do Planeta nem tomou conhecimento do estouro de 2008 imediatamente, mas de alguma forma sentiria na pele direta ou indiretamente o secar das torneiras que levavam algum recurso dos grandes centros à periferia. A crise não chegava a ser novidade. Em março do mesmo ano, o Banco JP Morgan já havia resgatado o rival Bear Sterns da bancarrota com a injeção de representativos 30 milhões de dólares. Tudo em nome de um mercado que em agosto do ano anterior já havia dado sinais de problemas quando o PNB Paribas, da França, suspendeu o resgate de recursos de três de seus fundos de risco. O FMI emitiu alertas para uma possível crise de liquidez e muitos economistas anunciavam o que poderia ser um furacão de enormes proporções.

Não era necessário curso de Economia ou grande envolvimento com o mercado de ações para entender que a crise viria. Bastava uma pequena observação dos momentos anteriores para perceber que o sistema capitalista como estava (e como está) tende a ser sacudido de tempos em tempos por tremores de magnitudes variadas. Eles sempre aparecem. Foi assim nos dois choques do petróleo dos anos 1970, nas crises da Tailândia, Turquia, Rússia, México e Brasil... sem falar na Argentina, onde os vagalhões econômicos massacram com boa frequência uma estrutura produtiva tremendamente dependente das relações com a indústria brasileira. Seja pelas obras de teóricos consagrados como Karl Marx[2], John Maynard Keynes[3] ou Joseph Schumpeter[4],

---

2 Em *O manifesto comunista*, Karl Marx discorre sobre o que ficaria conhecido como a Teoria da Catástrofe Inevitável. 1848.

3 Em *A teoria geral do emprego, do juro e da moeda*, John Maynard Keynes trata dos problemas oriundos da crise de 1929. 1936.

4 Em *A teoria do desenvolvimento econômico*, Joseph Schumpeter lança o tema da destruição criadora e aborda a crise em seu aspecto tecnológico. 1911.

a ocorrência dos colapsos capitalistas estava mais do que mapeada pelos operadores do sistema atual. Nada de novo. Aliás, em 1922, o russo Nikolai Kondratiev[5] já detalhava a ocorrência de ciclos longos e curtos de depressão e expansão do capitalismo, onde previa as turbulências com intervalos temporais previsíveis.

Previsibilidade à parte, um detalhe chama a atenção quando o assunto é economia. Quando falamos em ciclos, crises, colapso e depressões, estamos usando termos bombásticos para alertar e dar uma dimensão dos desequilíbrios ocorridos no mercado... Jamais falamos nas pessoas ou em ocorrências que podemos evitar. É curioso como tratamos os movimentos dos mercados usando termos ligados à fatalidade ou forças naturais. Quando as intempéries econômicas precisam ser explicadas, evocamos um Deus; falamos que "o mercado é assim". Portanto, fazer a vontade do Mercado é o meio para não ser vítima de sua ira. Quem ousa desafiá-lo acaba punido com o ostracismo, isolamento ou acaba arrastado pela fúria. As pessoas que usam essa argumentação tratam a referida divindade como alguém especial, onipresente, onipotente e onisciente que a tudo controla e que funciona como uma lei natural na Terra a governar a humidade. Não fazemos hoje o mesmo que os povos antigos em relação aos seus deuses? As antigas oferendas eram preparadas para confirmar o comportamento obediente dos fiéis para não desagradar deuses mal-humorados e vingativos. As regras de convivência eram estabelecidas a partir dos mesmos princípios e não havia espaço para negações ou rebeldia. Sem alongar demais as comparações, podemos dizer que, atualmente, os pregões funcionam como altares onde as pessoas jogam suas apostas como ofertas em troca das bênçãos que estão simbolizadas com siglas

---

5 Theotônio dos Santos faz uma análise da teoria dos ciclos do economista russo.

e sinais de elevação ou de baixa. Talvez, no futuro, estudiosos da mitologia de nosso tempo, comparem o Mercado a Poseidon ou outro Deus da antiguidade. Assim, como os deuses, o mercado é uma criação do homem.

Defensores fanáticos ou não da "religião" de nosso tempo não percebem que tentam tornar eterno o que nem sempre funcionou desta maneira. O Mercado, como é, não existiu desde sempre e há fatores importantes para entendê-lo não como protetor ou gerador do bem, mas como caminho mais curto para o colapso de nossa espécie.

Jamais destruímos os recursos disponíveis no Planeta com tamanho apetite e irracionalidade. O modelo atual é concentrador de riquezas, o que condena bilhões de pessoas à pobreza, à fome e as submete a condições indignas de sobrevivência; quando esta ainda é possível.

Em 2014, o ambientalista australiano Paul Gilding, revelou um dado alarmante sobre a distribuição de riquezas. Entre 1990 e 2002, para cada 100 dólares de riqueza gerados no mundo todo, 0,60 (sessenta centavos de dólar!!!) foram de alguma forma parar em mecanismos de combate à pobreza.[6] O levantamento, atribuído à Fundação Nova Economia, da Europa, torna claro mecanismo de evolução da economia atual. A quantidade de moeda disponível é regulada rigorosamente pelos Bancos Centrais dos países capitalistas e interessam diretamente aos grupos que comandam a geopolítica. Depois do fim do padrão ouro – onde a quantidade de dinheiro na economia de um país estava limitada às suas correspondentes reservas do metal precioso – o controle passou a ser ainda mais centralizado na maior parte do ocidente

---

6 GILDING, Paul. *A grande ruptura*: como a crise climática vai acabar com o consumo e criar um novo mundo. Tradução de Renato Aguiar. 1. ed. Rio de Janeiro: Apicuri, *2014*.

Guilherme Portanova

para evitar desequilíbrios que pudessem resultar em descumprimentos dos compromissos dos governos com os agentes do mercado financeiro internacional. Isso significa que a quantidade de moeda em uma determinada economia não pode ser expandida ao ponto de entregarmos dinheiro para suprir as carências. Imagine uma piscina. A quantidade de água é limitada. Ocorre que em nossa sociedade uns estão com muita água para nadar e jogar fora, enquanto outros estão a seco. E pior, o dado de Gilding demonstra que a cada ano a quantidade de água continua migrando dos esquálidos bolsos de uns para os caríssimos canapés e espumantes de poucos. Não há mais como tratar essa questão como uma condição obrigatória do jogo econômico. O mercado não é um Deus. Mercado é uma gigantesca invenção do homem e, assim como outras criações – por exemplo, o escambo ou a escravidão que também foram ferramentas absolutas – pode ser alterado ou mesmo extinto.

> **Às vezes parece que o dinheiro é o Deus supremo do mundo das mercadorias: todos devem curvar-se diante dele, submeter-se a seus ditames e adorá-lo diante do altar de seu poder.**
>
> (Harvey, David)[7]

Quando entramos em uma linha de argumentação como essa, é comum ouvirmos os protestos de conservadores de que a condição dos pobres melhorou nas últimas décadas e que não seria verdade todo esse descontrole gerado pela concentração de riquezas. Os defensores do mercado lançam mão da estatística. Costumam dizer que na década de 1950, por exemplo,

---

7 Harvey, David. *17 contradições e o fim do capitalismo*. (Locais do Kindle 3052). Boitempo Editorial. Edição do Kindle.

13

o saneamento básico cobria áreas menores do que as atuais, a mortalidade infantil era muito maior em países como o Brasil, assim como a fome. Entretanto, esse é um argumento míope – para dizer o mínimo – diante da realidade, pois parte de uma comparação indevida. Está correto que um pobre vivendo na cidade atualmente tem mais recursos disponíveis do que outro que viveu em meio urbano há 70 anos. Em alguns aspectos a vida melhorou mesmo, mas isso não tem nenhuma relação com qualquer suposta generosidade do mercado. O fato de haver alguma migalha em benefício das periferias pobres não pode ser usado como um atestado de justiça do Deus Mercado que a todos governa. Aliás, a comparação invalida o próprio argumento de justiça.

> **"Faz sentido ensinar teorias tão bonitas, das quais somos tão orgulhosos, e elas não terem o menor significado na vida de quem não pode comer?"**
>
> (Muhammad Yunus – Revista *Trip*)[8]

A questão não é comparar o pobre de hoje com o pobre de antigamente. Lembra do dado de 0,60 centavos de dólar que acabaram combatendo a pobreza? Nessas décadas todas, não geramos somente 100 dólares em riquezas. A economia produziu trilhões e trilhões de dólares e muitas e muitas vezes 0,60 centavos. Esse dinheiro foi para o combate à pobreza. Essa pequena fatia (0,6%) é que ao longo de décadas tornou alguns índices sociais do presente melhores do que os indicadores do passado. O debate honesto exige que comparemos a diferença entre ricos e pobres no passado e a de ricos e pobres agora. E o fosso aumentou, como o dado anterior comprova. Evoluindo

---

8 Disponível em: <http://revistatrip.uol.com.br/trip/o-banqueiro-dos-pobres-muhammad-yunus-propoe-uma-nova-logica>.

a essas taxas, continuaremos matando de fome boa parte das nossas crianças mesmo que, ao mesmo tempo, reduzamos um pouco alguns problemas básicos. A menos que façamos um pacto e concordemos com o extermínio das camadas mais baixas das populações, uma atitude contra o mercado é fundamental. A mesma obra traz o alarmante cálculo de que para acabar com a fome atual do Planeta, seria necessário trabalhar 130 anos se forem mantidos os padrões atuais de distribuição de riquezas. Perceba que seria necessário trabalhar por 130 anos revertendo tudo para o combate à pobreza sem gerar mais pobres – como ocorre no ritmo atual.

Segundo o Banco Mundial hoje 1,4 bilhão de pessoas vivem com renda menor do que US$ 1,25 por dia. No ano 2000, o 1% mais rico do Planeta recolheu em seus cofres 40% das riquezas mundiais. A metade mais pobre da população – falo aqui de mais de 3 bilhões de sobreviventes – dividiu 1% das riquezas. Em 1950, o **africano mais pobre** tinha renda onze vezes menor do que o **norte-americano mais pobre**. Em 2000, a diferença subiu para dezenove vezes!!

> **"Nos anos 50, a sociedade era bem mais pobre do que hoje em dia, no entanto, conseguia arcar com mais educação de massa gratuita. Hoje, uma sociedade bem mais rica alega que não tem recursos para isso."**
>
> (Chomsky)[9]

Já que falamos em crianças, de acordo com o Unicef, 51% das crianças Etíopes com menos de 5 anos sofrem ou sofrerão algum comprometimento de aprendizado por causa da desnutrição. Palmas para o mercado, seus fãs e seus operadores! Não há

---

9 CHOMSKY, Noam. *O fim do sonho americano* (Título original: *Requiem for the american dream*). Realização: Peter D. Hutchison, Kelly Nyks. Ano: 2016, EUA. Duração: 73min.

como aplaudir. Até alguns contumazes defensores dos negócios como fim em si mesmo passaram a desafiar a lógica tradicional. O jornalista norte-americano, Thomas Friedman, surpreendeu seus leitores em uma edição do *New York Times* em março de 2009. Conhecido defensor do capitalismo liberal e da globalização, ponderou se não seria a hora de dar um basta no modelo econômico montado e aprimorado desde o pós-guerra.

O nível de concentração de riquezas nas mãos de poucos cidadãos, a desigualdade nas condições de competição entre as nações deveriam ser razões suficientes para que interrompêssemos quaisquer práticas que não tenham como objetivo direto o ser humano e sua dignidade. Cumprir as metas definidas pelo mercado não pode ser o objetivo dos administradores públicos, assim como a tensão provocada pelas contas domésticas não pode justificar o espancamento dos filhos por um pai pressionado pelo peso das dívidas.

> **"Seria exagero dizer que ao longo da história nunca houve progresso material. Mesmo hoje, num período de declínio, o ser humano médio está fisicamente em melhor condição do que há alguns séculos. Mas nenhum progresso na área da riqueza, nenhum refinamento da educação, nenhuma reforma ou revolução jamais serviram para que a igualdade entre os homens avançasse um milímetro que fosse. Do ponto de vista dos Baixos [pobres], nenhuma mudança histórica chegou a significar muito mais que uma alteração do nome de seus senhores."**
>
> (Orwell, 2009)

Precisamos cuidar das pessoas e o melhor caminho para isso é reformular o modelo econômico. Jamais tivemos tantas ferramentas disponíveis e tamanha capacidade para erradicar a fome, o frio, a desnutrição e doenças que já poderiam ter sido eliminadas. A humanidade criou o telefone celular, aplicativos, viaja pelo Planeta e fora dele e não consegue afastar uma criança da fome. A globalização defendida como medida salvadora do comércio e garantidora de prosperidade não entregou o que prometeu e jamais entregará; a menos que seja estruturada em outras bases. Atualmente, as nações não competem em um mercado com equivalência de condições. Está consolidado o fenômeno conhecido como "deterioração dos termos de troca"[10] que provoca, na relação entre as nações, o que a exploração impõe nas relações sociais entre patrão e empregado. O princípio da diferença entre os termos de troca foi elaborado pelo economista argentino, Raúl Prebisch, em *O desenvolvimento econômico da América Latina e seus principais problemas*, obra que começa na emblemática constatação de que...

"A realidade está destruindo a América Latina..."

(Raúl Prebisch)[11]

A deterioração dos termos de troca explica-se pela diferença nos preços dos produtos comercializados entre as nações. O mercado internacional – sempre ele – funciona de maneira que os produtos vendidos pelos países periféricos sempre estejam cotados com baixo valor na comparação com aqueles vendidos pelos países centrais, tecnologicamente avançados. Observando, isoladamente, pode parecer algo natural. Quem tem mais tecnologia e investiu mais, ganha mais por sua excelência. Ao

---

10 "Deterioração dos termos de troca" foi uma expressão criada pelo economista argentino, Raúl Prebisch para explicar a exploração entre as nações.

11 PREBISH, Raúl. *O desenvolvimento econômico da América Latina e seus principais problemas*. Disponível em: <http://bibliotecadigital.fgv.br/ojs/index.php/rbe/article/view/2443>.

17

analisarmos com uma perspectiva temporal, podemos perceber os resultados. No acumulado do tempo, os países centrais permanecem protegidos de qualquer ameaça em termos de negócios, pois os periféricos jamais estarão em igualdade mesmo que sejam grandes exportadores ou muito eficientes em suas economias.

Estruturalmente, as *commodities* – como café, frutas ou carne – têm preço menor e em queda se compararmos com produtos de tecnologia, computadores e farmacêuticos, por exemplo. Como os preços dos primeiros tendem a cair no mercado internacional e os dos últimos desenvolvem trajetórias crescentes, a cada nova negociação, a periferia precisa produzir mais para manter os mesmos níveis de faturamento. A Alemanha é um dos principais exportadores de café sem ao menos plantar um cafezal. Obviamente, ao beneficiar o produto e vendê-lo solúvel, descafeinado ou com qualquer outra característica, agrega valor e recebe muito mais do que o produtor que enviou os grãos de sua safra da Colômbia para a Europa. Amplia-se o fosso que separa a periferia do centro.

Com o passar dos anos, o dinheiro oriundo da excelência gera mais condições de investir em tecnologia e ampliar os ganhos nos países ricos enquanto nos países pobres, os recursos obtidos dificilmente são direcionados para resolver problemas internos; raramente haverá alguma sobra para bancar investimentos que alterem esta dinâmica. Ao mesmo tempo, a elite da periferia não pensa em um projeto de desenvolvimento do país onde pudesse, também, ter lucro. Como seu objetivo é o ganho individual, não aplica recursos para mudar a realidade local. Não interessa a esse empresário nacional investir em algo que não represente ganho imediato. Portanto, o dinheiro necessário para realizar um projeto nacional – que já não sai dos cofres públicos por uma série de obstáculos, como falta de interesse, ineficiência e corrupção – também não vem do bolso privado. A direta relação com o período colonial não é apenas coincidência. A regra é o permanente aumento do acesso à tecnologia para os países centrais que podem usar todos os seus recursos para produzir com alto valor agregado, pois a produção barata está a cargo dos países periféricos.

A partir desses dados, podemos concluir que se abrir aos negócios em escala mundial pode ser um tremendo golpe no projeto de desenvolvimento das nações mais pobres. Não temos condições reais de competição e a despeito da possibilidade de formar uma classe produtiva rica e desenvolvida dentro do país exportador da periferia, os benefícios só poderão ser efetivos se houver alguma forma de distribuição de riquezas; o que, de fato, não é regra no mercado que temos por aí. Nasce a discussão sobre ter ou não uma política de substituição de importações.

A relação de competição desigual é análoga ao que ocorre internamente nos países, onde os trabalhadores não possuem condições de equilibrar as relações de trabalho. A exploração é o motor do mercado interno que visa apenas ao lucro, dando pouco ou estritamente o que é obrigatório por força de lei aos seres humanos que fazem a economia rodar. Milhões e milhões de trabalhadores passam horas dentro de sistemas de transportes desconfortáveis e inseguros para chegar ao local onde poderão trocar sua força de trabalho – em geral, muscular – por um pagamento que garanta pouco mais do que a possibilidade de pagar um teto e alimentação. E só. Lazer, saúde de qualidade, educação verdadeira são sonhos, uma vez que tudo isso foi transformado em mercadoria e só pode ser acessado a contento se o trabalhador dispuser de recursos para comprar. Sem mínimas alternativas, repete-se em outra dimensão o núcleo da economia escravista, na qual se troca força de trabalho por teto e comida.

A manutenção das condições de exploração é possível pelo simples e natural funcionamento do mercado dentro de suas regras – na maioria, legalmente aprovadas. Para se ter uma ideia de como caminhamos em termos de evolução, "a parte da renda que as famílias têm de dedicar ao pagamento das dívidas passa de 19,3%, em 2005, para 46,5%, em março de 2015"[12]. Obviamente, a drenagem dos recursos das famílias não serve apenas para abastecer os governos de impostos, mas segue como manutenção da eterna lógica da concentração de renda.

Independentemente dos números e estatísticas que sustentam os argumentos em favor da mudança, fato é que a seguirmos no ritmo habitual, continuaremos condenando milhões e milhões à morte ou a vidas sem quaisquer perspectivas. O desenvolvimento de iniciativas sociais levou-me a conhecer realidades assustadoras. Uma delas fica na Cidade Estrutural, a menos de 20 quilômetros do centro do poder do Brasil. A favela possui uma massa de trabalhadores ocupados com tarefas de baixa complexidade e remuneração mínima nas áreas mais caras da cidade. Como em qualquer periferia dos países subdesenvolvidos, é comum casais terem muitos filhos em sinal da flagrante ausência de qualquer política de planejamento familiar ou de apoio às crianças. Na informalidade, casebres de madeira e papelão funcionam como creches improvisadas para que alguns pais possam deixar seus filhos com alguém que possa dar algum mínimo de atenção mesmo sem qualquer preparo para a tarefa.

---

12 DOWBOR, Ladislau. *Resgatando o potencial financeiro do Brasil*, Fundação Friedrich Ebert, Análise n. 9/2015. Disponível em: <http://dowbor.org/2016/08/ladislau-dowbor-resgatan do-o--potencial-financeiro-do-pais-versao-atualizada-em-04082016-ago sto-2016-47p.html/>.

Em uma dessas instituições, a hora do lanche é uma prova do choque da sociedade atual. No mesmo país que entrega mais de 600 bilhões de reais para pagamento de juros de bancos[13], as crianças veem seus sucos diluídos em água e o único biscoito ao qual teriam direito dividido ao meio, para que cada um dos alunos tenha o que mastigar e algo possa fazer as vezes de alimento mesmo que seja apenas uma mistura de gordura e farinha adoçada para agradar o paladar.

Não é possível que aceitemos situações como essa e tantas outras enfrentadas diariamente pelas comunidades mais pobres. É fundamental que entendamos que é preciso acolher e dividir para que tenhamos alguma chance de futuro como espécie. Atualmente, a maior parte da população carcerária é formada por pobres, negros e moradores das periferias. Pessoas que jamais tiveram assistência de saúde, educação, auxílio para seu desenvolvimento. Prover as necessidades das pessoas não é apenas tarefa do Governo. É preciso que tomemos como missão da sociedade como um todo. Usar a assistência social unicamente como ferramenta de marketing, talvez seja tão criminoso quanto sonegar. É hora de mergulharmos para que exista possibilidade de salvação das pessoas que merecem um futuro melhor. Apostar na meritocracia é uma mentira em sociedades marcadas por severas desigualdades e geralmente leva a um erro comum. Costumamos justificar o discurso meritocrático com exemplos de quem saiu das camadas menos favorecidas e venceu construindo fama e fortuna sem percebermos que estamos usando a exceção como se regra fosse, o que, definitivamente, não tem validade.

---

13 Juros auditados e comprovadamente indevidos e fraudulentos. Ver Auditoria Cidadã da Dívida ao final desta obra.

Dentro desse contexto, de nada adianta discutir reformas na legislação do trabalho ou na de pensões e previdência. Tantos projetos foram elaborados e tantas discussões andaram no Legislativo e a força da lei jamais impediu que as riquezas do país fossem convertidas em ganhos para a camada mais rica em detrimento dos mais pobres. Em tempos de crise, as autoridades e chefes de empresas tradicionais apressam-se para pedir nos noticiários que a sociedade compreenda o momento e faça um esforço abrindo mão de pleitos sociais em nome da salvação da economia e do mercado. Nesses períodos, trabalhadores perdem poder de compra diante da inflação, perdem direitos que nem ao menos eram suficientes para manutenção de uma vida digna. Mesmo assim, é nos momentos de crise, desemprego e retração do "Deus Mercado" que bancos e empresas muito rentáveis mostram ainda mais sucesso em seus planejamentos quebrando recordes de lucro e premiando acionistas e investidores com o que – legalmente – conseguiram recolher como fruto de suas atividades. Não interessa que o ganho seja absurdo ou imoral. Interessa o ganho, a cifra, e não quanto pagamos por eles. Nos períodos de crescimento econômico, o máximo que as categorias e sindicatos conquistam é a reposição da inflação acumulada no ano, mas sem qualquer ganho real que reponha o quanto se perde ano após ano levado pelo mau humor do mercado. E pior: sem sentido de categoria, os pequenos chefes fazem o jogo dos patrões com campanhas de assédio moral disseminadas dentro das empresas. Comportam-se como se fossem tão donos das empresas quanto os acionistas, embora sejam empregados tão dispensáveis como qualquer um dos seus comandados.

Diante da falta de sentido de reformar o sistema, o que pode ser feito então? É preciso que retiremos nossos pés de dentro do tabuleiro para pensar em soluções que funcionem a partir de outra lógica. É fundamental reconstruir toda uma cadeia de valores sociais, pelos quais realmente valha a pena lutar. Uma nova economia, centrada em outras bases trará mais resultados do que empurrar reformas urgentes para que o mercado não perca a boa vontade com os homens.

Se o funcionamento da economia depende de regras que exigem a aniquilação do homem ou a sua transformação em ferramenta, o caminho é mudar o mercado e não continuar sacrificando infâncias, sonhos e vidas. O erro não está na pessoa que não se enquadra nas regras, mas nas regras que não respeitam e não privilegiam a condição de pessoa.

Em outros momentos da história, o esforço humano fez com que os rumos dados como naturais e obrigatórios fossem alterados radicalmente para a emergência de condições mais favoráveis à sociedade; em muitos casos, a evolução só veio através da ação violenta ou da rebeldia armada. Esta, realmente, é uma possibilidade. Felizmente, não a única. Estão florescendo em vários locais do Planeta iniciativas que são as sementes de um novo conceito de sociedade e os frutos são maravilhosos e muito bem-sucedidos. Não trato aqui de projetos ou hipóteses. Ao longo desta obra, veremos casos reais. Empresas com novas configurações que estão mudando radicalmente a maneira como os negócios impactam na vida das pessoas. Essa economia veio para ficar e aos poucos tomará o lugar dos setores tradicionais. O impacto social estará no centro do novo mercado e irá implodir a economia tradicional. O processo já começou.

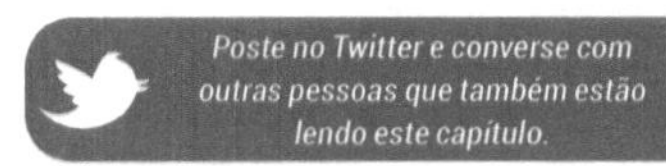

@Economiadobem   #edb_PqNovaEconomia

2

O QUE É IMPACTO SOCIAL? NADA TÃO NOVO ASSIM... A FILANTROPIA

#edb_ImpactoFilantropia

"Impacto social" é a expressão utilizada para definir ações que têm como objetivo melhorar a vida das pessoas; tornar a sociedade mais justa. Não há uma definição categórica para segmento ou área de atuação. Gerar impacto é algo natural em qualquer atividade humana. Entretanto, estamos entrando na era em que agir tendo como alvo o avanço das condições das pessoas será o centro da ação coletiva, o motor da economia. Isso não significa que os negócios tradicionais baseados na apropriação de lucros e concentração de renda nas mãos de poucos terminarão de uma hora para a outra. Pelo contrário. A tendência é que a nova economia avance aos poucos e por um bom tempo conviva com o modelo atualmente estabelecido. Antes de entrarmos mais a fundo no funcionamento e na compreensão sobre como funciona a economia de impacto, vamos entender como historicamente nos acostumamos a produzir resultados sociais na vida das pessoas.

O impacto social existe desde quando o homem organizou-se em grupos e a partir das atitudes individuais e coletivas os efeitos foram sentidos por outros indivíduos que não aqueles

25

agentes. Claro, natural. Ao formar grupos coletores, é fácil imaginar que alguns homens que tinham como vocação a liderança devem ter tomado atitudes em nome da segurança ou conforto dos demais. Em suas pesquisas, o biólogo norte-americano, Jared Diamond[14] pode ter identificado um ponto fundamental onde o impacto social possivelmente tenha passado a fazer parte da ação humana como prática regular e percebida coletivamente. Segundo o pesquisador, a transição do nomadismo e coleta para o sedentarismo foi possível depois que grupos humanos encontraram nas proximidades da Mesopotâmia uma significativa quantidade de vegetais com alto teor proteico. Ao assentarem-se na região e aproveitar a quantidade de alimentos disponíveis, desenvolveu-se a agricultura como forma de garantir segurança alimentar. Pela primeira vez na história, era possível prever a quantidade de alimentos que estaria disponível em determinado tempo. Além disso, estaria encerrada a era em que cada pessoa tinha capacidade de garantir apenas alimentos para si e, talvez, para poucos familiares.

"Fim da economia de 1 produzindo para poucos e início da era onde 1 passou a produzir para muitos."

A possibilidade de produzir muitos alimentos usando o esforço de poucas pessoas revolucionava a história até então tida como natural e, quem sabe, como irreversível. Com o advento da agricultura, nem todas as pessoas de uma comunidade tinham a necessidade de aplicar esforços para obter alimentos. A questão alimentar que tanto pressionara a humanidade a mover-se em busca de sobrevivência estava resolvida. Sem necessidade de produzir comida, sobrou gente e tempo para outas tarefas.

---

 14 DIAMOND, Jared. *Armas, germes e aço*. São Paulo: Saraiva, 1997.

Com mão de obra ociosa, os grupos humanos passaram a ter pessoas livres para atividades diversas. Nasceu a burocracia (em seu sentido puro). Integrantes do grande grupo que não mais precisariam dedicar-se a coletar comida, passariam a trabalhar por soluções para a coletividade. Talvez, esse tenha sido o nascimento do impacto social como tarefa sistemática e socialmente esperada. A diversificação das tarefas dentro de uma comunidade propiciou o início da administração e aprimoramento das condições de vida mesmo nos locais onde agora formava-se o embrião do que seriam as cidades.

Suposições à parte, fato é que promovemos impacto sempre que nossa ação gera algum resultado a outra pessoa. É evidente que cabe aqui a ressalva de que é importante que o impacto positivo seja superior ao dano que possa advir da ação. Não seria possível valorizar como impacto social o ato que para ajudar um indivíduo, sacrificasse a vida de outros. É possível promover impacto social a partir de grandes iniciativas coletivas ou com um simples gesto individual. Inclusive, há casos de longo alcance a partir de uma única pessoa. E é por esse tipo de ação e resultado que começaremos o capítulo.

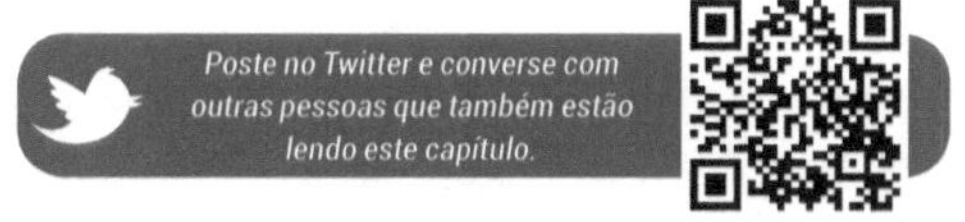

27

3

AÇÃO 1 PARA 1 OU 1 PARA MUITOS

#edb_Acao1ParaMuitos

Em 2005, a indiana Laxmi Agarwal tornou-se mais uma vítima de uma modalidade de ataque nada incomum na Índia. Aos 15 anos, a menina havia rejeitado a proposta de casamento de um homem de 32 anos que, inconformado, a atacou com um ácido corrosivo. A pena imposta pelo criminoso foi a deformação do rosto de Laxmi. Depois do ataque, ela decidiu que iria espalhar pela Índia a mensagem de que a beleza de um ser humano – em especial, das mulheres – não está na aparência; as mulheres não deveriam recuar na exigência de direitos. Nascia a campanha mais efetiva pelo fim dos ataques com ácidos que muitas vezes ficaram sem a devida punição nos tribunais indianos. De diretora do movimento em defesa das vítimas, Laxmi passou a ser a principal voz dos direitos femininos, promovendo importantes mudanças nas leis em seu país, incluindo a restrição à venda de ácidos corrosivos utilizados em atentados como aquele do qual foi vítima. O movimento internacional deu à Laxmi diversos prêmios também pela luta em favor de tratamentos para a recuperação de pessoas que haviam sofrido ataques semelhantes.

Em 1994, o genocídio de Tutsis chamava a atenção do mundo todo para Ruanda. Armados pelo exército do país, os Hutus partiam para o massacre depois de anos de marginalização pela qual culpavam Tutsis. O que fora rivalidade nascida durante a dominação belga sobre o pequeno país africano explodiu em uma perseguição que resultaria na morte de quase um milhão de pessoas. Turistas de várias nacionalidades abandonaram o país em chamas no meio do caos da guerra. O hotel Les Milles Collines ficou vazio em questão de horas e seu gerente Paul Rusesabagina (de origem Hutu) decidiu por uma medida extrema e arriscada. Abriu as portas do prédio para mais de mil e duzentos fugitivos Tutsis para que tivessem alguma chance de sobrevivência em um dos maiores banhos de sangue da história recente. A história ficou imortalizada no filme Hotel Ruanda (2004). Rusesabagina não chegou a ser alvo de atentados como a indiana Laxmi, entretanto, percebeu que teria que assumir um enorme risco em um momento em que seu povo – independentemente da etnia – vivia um momento dramático.

Para efeitos de explicação, estamos avaliando casos extremos como exemplos sobre como uma pessoa individualmente pode causar impacto social em larga escala. Quantas mulheres não escaparam de ataques com ácidos a partir da restrição da venda dos produtos comuns em ataques na Índia? Fora do país, quantas pessoas podem ter sido impactadas pela história e pela luta de Laxmi Agarwal? Impossível dimensionar. Da mesma maneira, não temos meio de medir o quanto Paul Rusesabagina representou para o futuro do seu país. Sabemos apenas o número de pessoas que tiveram abrigo no hotel estrangeiro em meio à selvageria. Cada um dos sobreviventes seguiu uma história e os desdobramentos são incalculáveis.

Não são raros os casos em que a partir de um fato extremo ou uma tragédia, pessoas envolvidas mudem os rumos de suas vidas e entreguem-se às causas que impactarão no conjunto da sociedade. Histórias onde vítimas recuperam-se e decidem evitar que seus dramas se repitam com outras pessoas são comoventes e sempre geram um engajamento imediato de simpatizantes.

Casos como os de Laxmi ou Rusesabagina são forçados por um ponto de extrema urgência ou por tremenda carga dramática, ocorrências a partir das quais não é possível retroceder. Uma vez ocorrido o fato e assumida a missão, o caminho é um só; gerar o impacto social passa a ser inevitável. Entretanto, pessoas que trabalham com iniciativas de impacto precisam estar atentas para possíveis efeitos contrários que podem surgir a partir de exemplos emblemáticos envolvendo superação e feitos únicos. Campanhas humanitárias ou cruzadas por mudanças radicais exigem tremendo esforço e uma capacidade tão grande de ação que chega a soar sobre-humano. Uma vez que tais histórias são movidas por verdadeiros heróis – como nos dois exemplos anteriores –, ocorre em muitos casos que pessoas, sem histórico dramático, sintam-se incapazes de medidas tão impactantes e desistam de começar. Não é preciso ver-se como herói. Aliás, a maioria das pessoas que fazem grandes movimentos não se sentem diferentes das demais em termos de capacidade. São pessoas comuns que se entregam a tarefas ou missões não convencionais. Apenas isso.

O impacto social não é tarefa apenas para seres humanos dotados de uma envergadura emocional titânica. Na medida em que entendemos que é possível mudar a realidade com atitudes pequenas ou, pelo menos, começar em pequena escala, percebemos que qualquer um poderá gerar impacto social positivo e mudar as condições de vida de quem precisa. Um grupo de pessoas que decide alfabetizar em áreas remotas sem acesso à escola estaria começando a gerar e a experimentar os efeitos do impacto social. Acredite; é contagiante e os efeitos positivos tendem a se alastrar.

O herói escondido em cada um.

Em 2007, a catadora de lixo, Maria de Jesus de Sousa não conseguia mais carregar sobre os ombros o peso da jornada que começava cedo todos os dias no maior depósito de lixo da América Latina. Respirar os gases tóxicos da decomposição de todo o tipo de dejetos, caminhar sobre montanhas de plásticos, vidro e matéria orgânica minavam a saúde daquela lutadora. O local era terrível, mas era o meio possível para manter-se viva. O corpo esgotava suas forças, mas emocionalmente o preço era ainda maior. Ela não estava sozinha ao lançar-se sobre as cargas recém-despejadas pelos caminhões. A mineração da periferia atraía muitos colegas. Homens e mulheres que viviam sem perspectiva de melhora correndo em uma esteira que apenas fazia o tempo passar rumo à manutenção das coisas como estavam. Zero perspectiva de avanço. Sempre havia sido assim e todos os sinais indicavam que a realidade não mudaria. Viver na periferia e depender do que fosse garimpado no lixo eram condições impostas por um único ponto original do qual todos aqueles catadores compartilhavam: o lugar de nascimento. Ninguém escolhera nascer em um endereço pobre, crescer marginalizado e não dispor de recursos para abastecer as próprias necessidades. Era uma sentença que vinha de berço.

Sem solução, o jeito era seguir escalando montanhas de entulho até visualizar a próxima, e assim dia após dia. O que mais incomodava Maria de Jesus era dividir o terreno com dezenas de crianças que faziam do lixo o parquinho enquanto esperavam pelos pais empenhados em suas coletas. Onde os pais enfrentavam condições extremas, os filhos tentavam encontrar alguma diversão e aprendizado.

Cansada da rotina e preocupada em preencher as carências com afeto e proteção, Maria de Jesus abriu as portas da pequena casa onde morava. Sonhava em ter uma creche e passou a cuidar dos filhos dos colegas do lixão. As paredes de madeira e papelão em uma rua sem calçadas ou saneamento não ofereciam condições adequadas, mas representavam um enorme avanço. A Creche Alecrim cresceu e das 12 crianças da primeira turma, hoje são 86 diariamente com estrutura muito melhor e um bom atendimento dos voluntários. O orçamento mensal obtido através de doações é de aproximadamente 10 mil reais.

"Sinto muita dor e tristeza por ter exposto a minha filha àquele ambiente."

(Maria de Jesus referindo-se ao tempo que dedicou a buscar produtos no depósito de lixo de Brasília/DF.)

O caso de Maria de Jesus é um bom exemplo de que podemos fazer o impacto social mesmo sem grandes recursos. Ela decidiu apostar em um trabalho com forte propósito em vez de continuar em tarefas que não faziam mais sentido. Com uma atitude aparentemente simples – ficar em casa com as crianças – Maria de Jesus mudou a vida de famílias e hoje está ampliando seu impacto em níveis que jamais imaginou... partindo do zero, sem apoio, sem recursos e sem saber se teria o que comer sem o que coletava do lixão.

Podemos ter certeza de que apesar dos recursos escassos, a condição de vida dela só melhorou desde então. Há exemplos de pessoas que, individualmente, decidem levar alimentos para asilos ou creches pobres e outras que doam seu tempo para

33

ler para velhinhos ou animam crianças internadas em hospitais. Os formatos são os mais variados. O fator fundamental é que o mundo está cheio de necessidades, as pessoas estão cheias de problemas e não precisamos viver no modo automático transformando a vida em um entediante intervalo entre o nascimento e a morte. Não precisamos ser felizes apenas nos fins de semana. É importante que tenhamos a certeza de que é possível fazer algo por nós mesmos e por alguém agindo em qualquer escala, individualmente ou em grupo, gerando benefícios para uma pessoa ou para todo o Planeta.

O Terceiro Setor

Não temos ideia exata da origem das entidades criadas para gerar impacto social. O que sabemos é que instituições coletivas de assistência são muito antigas e foram criadas a partir da demanda gerada por pessoas mais necessitadas. A solidariedade é um sentimento característico do homem independentemente da época em que vive, mas não generalizado. Ela também não é o sentimento predominante em cada pessoa. Percebemos que as pessoas gostam do que sentem ao exercer a solidariedade, mas nem todos dedicam-se regularmente ao desenvolvimento de seu potencial de gerar impacto. Por isso, a sistematização de instituições e sua expansão não eram atitudes comuns em todas as sociedades e só ganharam espaço no Ocidente com o desenvolvimento da Igreja Católica com as ordens humanitárias, em geral, conventos.

Historicamente, o trabalho das freiras está ligado à caridade e à educação de forma natural, como uma razão de ser das próprias congregações ou um destino manifesto. Educação, saúde, assistência à infância e redução da pobreza foram as áreas mais comuns de trabalho das mulheres da igreja desde a Idade Média. O longo histórico de dedicação formou vínculos entre as congregações e os locais onde atuam.

A ação das irmãs sempre foi voluntária e mantida com recursos coletados por serviços prestados, doações ou transferências de seus ramos centrais de comando, criando uma sistemática que pode ser considerada bem avançada para períodos em que a gestão não chegava a ser praticada de forma consciente e financeiramente responsável. Podemos considerar o trabalho das ordens religiosas como grande gerador de impacto social ao longo da história, como um embrião do que viria a ser ampliado mundo afora mais recentemente. Além da questão da missão e do impacto, o desejo de ajudar as pessoas sempre esteve vinculado a posicionamentos estratégicos das representações religiosas dentro das comunidades.

Qual a vantagem de agir em instituições e não individualmente, já que o peso das instituições pode dificultar a agilidade das ações? Esta é uma pergunta recorrente entre as pessoas que decidem realizar algum tipo de trabalho social. É bom ter clareza sobre este ponto antes de iniciar uma atividade voluntária ou iniciativa de impacto social. Agir sozinho ou com um pequeno grupo de amigos tem a grande vantagem da autodeterminação e ausência de formalidades. É o mais próximo que se pode chegar da total autogestão. Por outro lado, convive-se com a limitação em termos de alcance (na maior parte dos casos) e com a obrigatória exposição pública das pessoas que estão envolvidas no trabalho; elas são a linha de frente do projeto e por isso, estão individualmente expostas. Já a institucionalização das iniciativas traz o benefício de colocar à frente uma pessoa jurídica sob a qual os integrantes individualmente passam a ter responsabilidade

35

compartilhada. Além disso, o impacto pode ser maior a partir da possibilidade de captação oficial de recursos e da construção de uma rede de representantes via abertura de novas unidades em outros locais com a mesma missão.

Boa questão a resolver antes de começar: o peso e a representatividade de uma instituição ou a liberdade frágil da ação individual?

A necessidade de promover ações em nome da redução dos problemas sociais, como dito, sempre existiu. Desigualdade, crueldade e pobreza são problemas tão antigos quanto a vida em sociedade. O que mudou ao longo da história foi o senso de responsabilidade coletiva em relação aos males que atingem uma parcela da comunidade. É recente a noção de que o movimento normal da economia e da política gera também resultados negativos, como se fossem efeitos colaterais de um remédio. A tentativa de minimizar as distorções do sistema em que vivemos cresce à medida que se consolidam as ideias sobre igualdade e cidadania. Entender o outro e cuidar do bem-estar de todos só são atitudes possíveis quando nos sentimos iguais em direitos e semelhantes enquanto cidadãos. A transição do absolutismo – em que a nobreza era a linha verdadeira da diferença hierárquica entre os homens – para a sociedade moderna e contemporânea é marco importante para uma mudança de nossas concepções sobre a sociedade. De algumas décadas para cá, os avanços têm sido constantes e, como veremos ao longo de todo o livro, a ação pelo impacto social ganha maior dimensão e mais credibilidade quando está combinada a configuração econômica racional, justa e bem resolvida.

É impossível ter qualquer estimativa sobre o número, o alcance e a eficiência das instituições assistenciais em atividade atualmente. Elas são as mais diversas, têm origens distintas e foram criadas para gerar os mais variados resultados. De forma geral, as entidades de assistência nascem da ideia de uma ou mais pessoas, com objetivo de resolver problemas em um segmento específico e ancoradas no trabalho voluntário.

A Cruz Vermelha Internacional é uma das instituições mais conhecidas. Foi fundada em 1863 por Jean Henry Durant que, preocupado com o sofrimento de soldados nos campos de batalha, sugeriu ao Imperador Napoleão III, da França, a criação de grupos nacionais para tratar e ajudar feridos em guerras, fossem civis ou militares, dentro dos princípios que fariam parte da Convenção de Genebra do ano seguinte. A iniciativa virou uma organização internacional que daria a Durant o Prêmio Nobel da Paz em 1901. A instituição foi iniciada por apenas cinco pessoas e ampliou seu impacto social com maior destaque durante os conflitos armados que marcaram o Século XX. Para se ter ideia da capacidade e alcance da missão da Cruz Vermelha Internacional, atualmente, ela movimenta quase 15 mil funcionários e está presente em 80 países[15].

Na mesma época em que a Cruz Vermelha Internacional se consolidava, nascia na Alemanha a Caritas Internationalis[16], como um braço da Igreja Católica para combater a miséria e a pobreza. A atuação é mais concentrada onde desastres, conflitos armados castigam populações pobres, além de campanhas permanentes contra a fome, pelo avanço das condições de saneamento e pela distribuição justa dos alimentos. Apoiada por

---

15 Disponível em: <https://www.icrc.org/pt>.

16 Disponível em: <http://www.caritas.org/>.

comitês já existentes junto às representações católicas, as ações da Caritas passaram mais de um século em expansão chegando a todos os continentes, independentemente da orientação religiosa da população local. Países de maioria muçulmana ou budista, por exemplo, já receberam missões importantes, como ocorreu no Vietnã nos anos 1960 durante a invasão promovida pelos Estados Unidos.

Não existe concorrência no mundo do impacto social!

Quando falamos em assistência humanitária, não faz sentido pensarmos em termos de competição ou concorrência, como no mercado econômico ou nas atividades comerciais. Uma vez que o objetivo de uma instituição seja causar impacto positivo sobre determinada comunidade carente, a sobreposição de ações é bem-vinda; mesmo que grupos diferentes decidam aplicar missões idênticas para resolver os mesmos problemas. Pois, com uma visão muito semelhante à da Cruz Vermelha Internacional, um grupo de médicos e jornalistas decidiu criar uma das entidades mais bem-sucedidas em termos de impacto social em todo o Planeta: os Médicos Sem Fronteiras[17]. Comparada com os exemplos anteriores, a MSF pode ser considerada uma novata. Fundada em 1971, na França, por trabalhadores que viam em suas profissões uma missão; não um negócio. Os fundadores haviam sido profundamente impactados com o trabalho voluntário desempenhado em Biafra, Nigéria, socorrendo a população civil duramente castigada na guerra civil ocorrida nos anos 1960.

Os Médicos Sem Fronteiras querem tratar qualquer paciente que sofra com desastres, miséria, guerras e todo mal que possa penalizar comunidades que não contariam com assistência

---

 17 Disponível em: <http://www.msf.org.br/>.

mínima adequada se não houvesse intervenção gratuita. Uma das propostas deste livro é demonstrar a capacidade epidêmica (já que estamos falando em saúde) da ação social e os Médicos Sem Fronteiras são um ótimo exemplo. Com pouco mais de 40 anos de existência, a MSF é formada por mais de 36 mil profissionais e atua em 70 países. A organização tem sido lembrada como exemplo de transparência financeira e atua com 90% de seus recursos oriundos de doações de pessoas físicas encantadas com o potencial transformador de uma causa sincera e, obviamente, necessária. O chamado Terceiro Setor é formado por entidades privadas com interesse social sem fins lucrativos.

Poderíamos escrever uma nova edição das antigas enciclopédias com volumes e mais volumes apenas falando das instituições não lucrativas criadas para causar impacto social. Definitivamente, não é o objetivo aqui. Este livro pretende apresentar os diferentes campos de atuação e demonstrar a todos que é possível melhorar o mundo no qual vivemos e onde causamos impacto, queiramos ou não.

Não precisamos seguir fazendo o que sempre foi feito e do mesmo jeito. É possível mudar o rumo de nossa sociedade. Na verdade, a mudança já vem sendo feita mesmo que muitos resistam, como negou-se por muito tempo a evidente tese do aquecimento global. Já vimos aqui exemplos de pessoas que agem individualmente para gerar impacto social e também iniciativas que precisaram antecipadamente de estruturas formais para iniciar a mudança de realidades que tanto incomodavam seus criadores. Essas últimas ganharam *status* legal e hoje obedecem a um código; ou devem obedecer. Sem a pretensão de aprofundar demais na legislação, vamos descrever o funcionamento das Organizações Não Governamentais, em especial no

Brasil. As ONGs foram um avanço na forma de encarar e atacar os problemas da sociedade e, por isso, ocuparam um espaço importante na comunidade.

Organizações Não Governamentais

As ONGs de alcance local não são muito diferentes das instituições internacionais que mostramos anteriormente. Todas nascem da mesma essência; o combate a problemas sociais ou ambientais, ou seja, a prática é muito anterior à nomenclatura que lhe foi atribuída. Este ramo da sociedade civil foi assim batizado depois de uma reunião da ONU, em 1950, nascendo como sociedade privada sem fins lucrativos e com interesse social.

Cada país possui uma legislação específica para regular o trabalho das ONGs e facilitar a fiscalização sobre o que é feito do projeto original e dos recursos que a elas são destinados. A demanda por soluções sociais é tão grande que as ONGs ganharam espaço e protagonismo rapidamente. E não só onde a pobreza é maior. Há Organizações Não Governamentais inclusive em países ricos e com grande atuação. A sistematização do trabalho das ONGs, inclusive, tem origem nos Estados Unidos, na década de 1960, como forma de ampliar o alcance das políticas do governo. A diferença está apenas nos campos onde atuam e, claro, no volume de problemas a resolver. Por isso, o crescimento tem sido maior nos países da periferia do sistema internacional. É evidente que as instituições ligadas ao combate à fome são muito mais numerosas em locais pobres do que nos países onde há justa distribuição de renda e o estado de bem-estar social é realidade.

No Brasil, o segmento nasceu nos anos 1960 – principalmente, ligado à causa da redemocratização –, mas começou a crescer verdadeiramente nos anos 1990. A ONG foi a solução para entidades que desejavam produzir impacto social sem a dependência dos programas oficiais das esferas do governo e sem cair no assistencialismo, tremendamente criticado durante o regime militar pela elite conservadora. Atuando a partir de um grupo de pessoas formado livremente, todo o processo de realização de compras e aplicação de recursos tornou-se mais rápido e efetivo do que aguardar a sensibilização de agências e secretarias de governo abarrotadas pelas demandas generalizadas e, onde seus integrantes dedicam boa parte do tempo e de energia no projeto de manutenção de cargos.

No mesmo período, a crise da União Soviética esvaziava o discurso de esquerda e as propostas para equilibrar a sociedade nascidas no pensamento progressista. O contexto era de falta de referenciais nos quais acreditar ou investir e as ONGs surgiam como um meio de "não dar o peixe, mas ensinar a pescar", numa alusão ao assistencialismo que tanto repúdio provocou nos acalorados debates sobre o que de fato é ação social e qual a sua eficácia.

Qualquer grupo de pessoas que forme uma instituição não vinculada a um governo e não possua fins lucrativos pode constituir uma ONG. Entretanto, elas são classificadas em subgrupos com características específicas. As OSs (Organizações Sociais) são entidades que possuem obrigatoriamente em seu Conselho de Administração assentos para representantes da sociedade civil e da esfera pública, conforme a Lei nº 9.637/98 e pode firmar convênios recebendo dinheiro do governo via Contratos de Gestão. As OSCIPs (Organização da Sociedade Civil de Interesse Público) têm regulamento regido por outra lei (9.790/99) e guardam algumas diferenças das anteriores. Elas podem ter gestores remunerados, mas como instituição não podem ter fins econômicos ou lucrativos. A forma de contrato com o setor público é o Termo de Parceria. As OSCIPs têm áreas de atuação mais amplas que as OSs, pois podem nascer para praticamente qualquer finalidade assistencial. A regulação da atividade e a concessão de registro das instituições competem ao Ministério da Justiça, não bastando haver um grupo civil organizado sem fins lucrativos para estar habilitado nessas terminologias. Partidos políticos, sindicatos, ações com o objetivo de difusão religiosa e cooperativas não recebem o título de OSCIP; podendo ser classificados como *"entidades sem fins lucrativos com interesses restritos"*[18]. Em geral, a classificação como Organização da Sociedade Civil de Interesse Público é concedida a Fundações e Associações.

Em linhas gerais, esse é o contexto de surgimento e a forma de atuação das Organizações Não Governamentais. Essa configuração que nasce para resolver problemas sociais foi um avanço em termos de legislação, mas acima de tudo, trouxe oportunidades para quem gostaria de agir em nome de uma sociedade mais justa, mas não possuía condições isoladamente em sua comunidade. Hoje, qualquer pessoa conhece uma ONG mesmo que não tenha consciência de que aquele grupo que distribui roupas ou alimentos esteja assim formalmente classificado.

A propagação dos grupos teve um fundamental papel na multiplicação de projetos e na popularização da ação social. Além disso, abriu caminho para que tenhamos, perto de nós, iniciativas de qualquer natureza. Não é preciso formar-se em áreas de saúde ou aventurar-se em campos de refugiados para entrar em ação em nome de um mundo melhor. É provável que nesse

---

18 TOZZI, José Alberto. *SOS da ONG*. Guia de gestão para organizações do terceiro setor. São Paulo: Gente, 2015. ISBN 978-85-452-0075-8.

momento algum grupo esteja em atividade bem perto da sua casa. Por isso, uma das maiores contribuições das ONGs para além de suas funções originais é democratizar o acesso ao impacto social. Você pode ingressar, conhecer ou apoiar qualquer causa em qualquer lugar para mudar a realidade que precisa urgentemente ser transformada.

A questão é que nem tudo são flores. Nem na vida de quem pretende melhorar o mundo. Esse tipo de trabalho vem enfrentando dois problemas importantes e de naturezas diferentes. Um deles é de ordem política com o mau uso das próprias instituições. Segundo o Portal do Terceiro Setor[19] – reportando dados do Instituto de Pesquisas Econômicas Aplicadas –, o Brasil possui mais de 390 mil instituições sem fins lucrativos em atividade, entre formais e informais. Imagine a dificuldade para controlar e fiscalizar com rigor esta enorme quantidade de grupos, sociedades, iniciativas para que desvios sejam evitados! Impossível ter controle absoluto sobre o que vem sendo praticado em cada uma das ONGs em atividade no Brasil. Muitas sobrevivem recebendo exclusivamente recursos públicos, precisam de apoio e trânsito no meio político para continuar gerando impacto.

Depender de verbas públicas é sinônimo de depender de alguém que tenha o interesse em disponibilizar esses recursos ou de uma boa capacidade técnica para participar de editais e concorrer a programas de apoio ao Terceiro Setor. Aqui, entram bem-intencionados e aqueles que usam o "favor" como moeda de troca para fins que nada têm a ver com a finalidade para a qual a ONG nasceu. Desvia-se o propósito, compromete-se o impacto e acabou uma boa ideia. A essência foi perdida. Além disso, há instituições criadas sob o pretexto de desenvolver

---

19 Disponível em: <http://www.portalterceirosetor.org.br/>.

políticas muito relevantes, mas usam listas de falsos beneficiados que jamais receberam qualquer atendimento e jamais ouviram falar de qualquer ONG que fizesse o que os documentos forjados tentavam comprovar. Há também aquelas que inventam listas de beneficiados que, na verdade, são fantasmas. Mais claramente: ONGs de fachada, criadas com uma proposta relevante, com milhares de pessoas nas suas listas de atendimento como forma de obter muito dinheiro... O recurso chegou, mas nada do que devia ter sido feito ocorreu de fato.

Na minha atividade de repórter, conheci uma iniciativa que pretendia levar internet às comunidades Quilombolas no Brasil com a construção de centros de informática. Com o projeto bem escrito foi possível firmar um convênio com uma instituição bancária pública de grande porte. Pessoalmente, visitei dois endereços onde, segundo as prestações de contas, teriam sido construídos os referidos centros para inclusão digital. Seriam edifícios com salas e computadores disponíveis para a comunidade, uma espécie de lan house. Infelizmente, nos dois locais visitados (e em outros quatro sobre os quais recebi informações confiáveis e as chequei à distância) jamais um tijolo foi posto para que alguém recebesse qualquer acesso a coisa alguma.

Projeto fantasma prometia instalar internet onde não havia rede de telefone móvel ou fixa, nem energia elétrica.

Por sinal, em um local contemplado com o programa milionário, não havia energia elétrica ou rede telefônica de forma que mesmo com a liberação de dinheiro, com listas e mais listas de pessoas cadastradas para acesso ao posto de internet, jamais houve qualquer obra e nos endereços, no lugar de postos de informática, só havia capim.

Causas verdadeiras, endereços existentes e um pacote de boas intenções que viram carros novos, imóveis ou dinheiro para especulação no mercado financeiro. A organização encaminhou às autoridades formulários preenchidos, supostamente, pelos próprios beneficiados como forma de justificar a relevância do projeto. Um detalhe chamou a atenção: todos os formulários foram preenchidos com caneta da mesma cor e com a mesma letra, embora os beneficiados fossem – ou devessem ser – moradores de regiões muito distantes espalhadas pelo território nacional.

Claro que não devemos condenar a atividades das ONGs pelos desvios que, eventualmente, são praticados em nome de bolsos nada escrupulosos ou campanhas eleitorais tão milionárias quanto sujas. Generalizar e desconfiar de todos é um exagero que deve ser evitado.

As ONGs são fundamentais e cumprem papel importante no engajamento da sociedade e na geração de impacto social.

Com as ONGs, as pessoas passaram a conhecer de perto os problemas e agir para soluções rápidas que muitas vezes o Poder Público não consegue oferecer. Entretanto, há um problema estrutural que prejudica esse tipo organização. Um vício de origem; uma má-formação obrigatória que emerge da própria condição das ONGs. Enquanto corrigir distorções políticas e de corrupção é algo possível e desejado, a distorção de ordem financeira é mais difícil de resolver pelo simples fato de uma ONG ser uma ONG. Simples assim. Vamos entender melhor esse problema original.

Uma organização civil nasce motivada por um problema. É criada para resolver a questão que atrapalha ou impede a imposição da justiça social. Pessoas reúnem-se motivadas por uma

45

causa nobre e passam a dedicar-se para arrecadar recursos – direta ou indiretamente precisarão de dinheiro – e reverter o que for obtido para a melhora da vida de outras pessoas. É um processo de transferência de riquezas de segmentos que possuem recursos para destinar aos que não os tem. Qualquer ONG obedece a esse princípio. As atividades são voluntárias ou remuneradas simbolicamente a partir de fontes externas. A organização não gera, naturalmente, frutos para que sejam distribuídos. A atividade-fim para a qual a ONG foi criada está distante ou alheia à origem do financiamento que a mantém viva. O mecanismo pode funcionar muito bem para algumas atividades e grupos com grande credibilidade junto à opinião pública, mas será fatal para outras tantas iniciativas interessantes e com bom potencial transformador que, talvez, não contem com a boa vontade de quem dispõe de dinheiro para fomento.

Segunda-feira, hora de movimento nos ônibus em qualquer local do país. Na sociedade que construímos, os homens viraram ferramentas de um sistema muito bem construído para funcionar e gerar lucros cada vez maiores. A lógica desse mecanismo é que quem constrói a riqueza todos os dias não tem acesso aos benefícios gerados e fica apenas com uma mínima parcela dos rendimentos das atividades nas quais trabalha. O resultado é que para a maioria dos trabalhadores que mantém a economia de pé, a jornada começa bem antes do cartão de ponto e da chegada ao trabalho. Como o funcionário não dispõe de dinheiro para obter moradia bem localizada, é preciso perder horas no transporte.

Divagações à parte, toda essa massa de trabalhadores forma um público diário dentro do insano sistema de transporte coletivo. Naquela segunda-feira, à minha frente no ônibus, parou um senhor com uma mochila cheia de pastilhas supostamente eficazes para problemas de garganta. O senhor virou-se para os demais passageiros e passou ao discurso. Apresentou-se como ex-dependente químico, recuperado em uma clínica gratuita mantida por uma sociedade sem fins lucrativos. O texto era simples e digno. A eloquência era de um verdadeiro devoto grato pela salvação com a saída do mundo das drogas.

O discurso comovente tinha um objetivo claro e muito sincero: salvar a instituição da bancarrota. E não havia preço definido para comprar as elogiadas pastilhas. Cada trabalhador daria o que pudesse e o que dispusesse no momento. Algumas pessoas contorciam-se em busca de moedas nos bolsos e surradas carteiras para oferecer ao vendedor como se cada punhado de centavos fosse um raio de esperança de que o sonho continuaria vivo. Antes de terminar a pregação em nome da nobilíssima causa, satisfeito e todo suado, o palestrante destacava com insistência que não havia preço porque a instituição responsável pelo projeto jamais cobraria qualquer coisa de qualquer pessoa para não comprometer a causa absolutamente gratuita.

Veja como algumas crenças podem ser obstáculos mesmo para os projetos mais edificantes. Não faz sentido tanta veemência em dizer que a pureza do projeto está na distância para o dinheiro. No final, somente obtendo dinheiro, os dependentes químicos continuarão recebendo apoio às dezenas em ambiente acolhedor e adequado. Além disso, perceba que o produto que está sendo vendido nada tem de relação com a atividade da casa de recuperação, o que configura um ponto importante. Para vender balas, chicletes, brinquedos, adesivos ou quaisquer outros produtos, a instituição dependerá de doações de bens que possam ser vendidos ou de subsídios. Indiretamente, a casa de recuperação precisará de dinheiro; o que ela não obtém dentro de suas atividades e do qual os seus vendedores parecem querer distância. Está exposto um paradoxo muito importante sobre o problema original, o defeito de nascença que emerge permanentemente como o grande desafio de qualquer ONG.

Portanto, não existe segurança financeira duradoura para uma ONG. Desenvolver um belo trabalho com grande impacto social e atrair uma boa quantidade de dinheiro em um ano não é certeza de funcionamento no exercício seguinte, de maneira que, mesmo rica, uma Organização Não Governamental será sempre pobre ou potencialmente pobre.

Os gestores serão obrigados a sempre prever a dificuldade para manter seus projetos em andamento e suas comunidades atendidas. Como destaquei anteriormente, não podemos generalizar. Muitas instituições trabalham com folga e garantias de longa duração, mas não é a rotina para a maioria. O maior risco dentro da realidade de escassez de recursos é a crescente vulnerabilidade dos projetos e não só em termos de continuidade. Na hora de pedir dinheiro para manter viva uma causa, os gestores correm o risco de demasiada e perigosa exposição a interesses que nem sempre conseguirão dominar e isso pode abrir caminho para o primeiro problema sobre o qual falei, a corrupção da finalidade ou dos processos internos transformando o que poderia ser uma boa ideia social em uma péssima ideia política.

Fundações

As fundações estão um pouco mais distantes dessas ameaças, uma vez que nascem com a fonte de financiamento determinada e dispondo de patrimônio; o que não as livra de enfrentar outras circunstâncias também complexas. A fiscalização para abertura e operação de fundações é tarefa do Ministério Público.

Internamente, a fundação é composta por um conselho executivo – que cuida da operação na prática –, um conselho deliberativo – que determina as linhas gerais da organização – e um conselho fiscal – para cuidar das contas. Para ser criada, uma fundação depende de recursos ou patrimônio transferidos que garantirão a sua existência; podendo ser criadas com recursos privados ou por iniciativa do Poder Público.

Paradoxalmente, o conforto de seu nascimento pode ser, também, uma armadilha que exige atenção. Geralmente, as fundações ou associações são criadas por determinadas categorias ou doadores que revertem a elas recursos frequentes ou uma fortuna inicial que as garantem no tempo. Financeiramente, elas não dependem da qualidade do que produzem em termos de impacto. A sua imagem perante a opinião pública pode ser manchada ou enaltecida conforme seu desempenho, mas isso não necessariamente afetará o caixa.

As fundações nascem por causas, assim como as – suas primas – ONGs tradicionais, têm como objetivo resolver ou minimizar problemas sociais e trabalham para isso. Como estão ligadas a instituições de natureza diferente da atividade que pretendem exercer, acabam com fins muito bonitos e protegidos financeiramente, mas distantes de metas como as estabelecidas pelo mercado. Um exemplo são fundações criadas por bancos para resolver o problema da educação. Nesse exemplo, uma empresa do mercado financeiro passa a gerar impacto auxiliando escolas da periferia. Ambos os ramos não têm relação direta entre si; a atividade-fim de uma não tem qualquer relação com a   49 atividade-fim da outra. Sem nenhum intuito pejorativo, são obras lindas e nobres que não precisam mover-se com agilidade ou qualquer senso de urgência e, assim, concentram-se em marcar posição no segmento para o qual nasceram.

Além disso, é provável que um banco – como instituição representante do *status quo* – não tenha genuíno interesse em transformar a realidade da população da periferia. Ajudar é bom, faz diferença e ninguém reclama de uma empresa privada que reverte parte de seus lucros – ou da verba destinada a fazer o bem em troca de abatimento de impostos. A questão é: Até que ponto o auxílio é algo de fato transformador?

Da mesma forma, não estamos tecendo uma crítica às fundações como instrumento de auxílio, assim como a referência à carestia permanente não é desabonadora do trabalho das ONGs. Apenas, é fundamental que entendamos a natureza de cada segmento de impacto social para que possamos avaliar corretamente e escolher que tipo de instituição é ideal para cada caso concreto.

Fundações têm papel específico e servem muito bem para promover impacto até porque muito provavelmente, a instituição mantenedora – no exemplo acima, um banco – talvez não confiasse seu dinheiro para uma organização desconhecida ou fora de seu controle. Melhor é criar um braço social dentro de sua estrutura. Só este fato já comprova a importância de uma fundação e deixa claro que elas são capazes de acessar capitais que não existiriam por outro instrumento. Até por estarem incluídas em estruturas econômicas maiores e anteriores, uma fundação não tem e não terá a agilidade de uma empresa competitiva. Em geral, terá pouca velocidade de resposta e trabalhará com objetivo de gerar impactos determinados e por longo período de tempo. Ampliar o impacto nem sempre será a meta para os profissionais envolvidos nesse ramo social. É possível que no longo prazo, o desejo seja o de manter as atividades, o que já é um trabalho e tanto.

Então, ONGs não podem ter lucro?

Primeiramente, precisamos definir o que significa "ter lucro". Uma ONG pode obter resultado positivo entre o que recebeu e o que gastou em determinado exercício. Seja via doações, promoções ou venda de balas, a organização pode chegar ao fim do ano com mais dinheiro em caixa do que usou para manter a operação. Isto, na verdade, é muito interessante para que o trabalho tenha continuidade e possa ser planejado mantendo-se o nível de arrecadação e ampliando o impacto. O chamado "lucro" deve ser utilizado na própria causa para a qual a entidade foi criada.

O que não é permitido legalmente no Brasil é a distribuição do dinheiro que restou no caixa para os integrantes da ONG ou o pagamento de membros da diretoria; nem em termos de salários. Ao contrário de uma empresa privada (Segundo Setor), uma Organização Não Governamental não possui patrimônio a ser dividido entre os integrantes em caso de fim das atividades. Os bens, assim como a atividade, são de interesse público e devem ser destinados para instituições de finalidade semelhante em caso de desativação.

É importante entender que mesmo que exista sobra no caixa de uma ONG, muito provavelmente esse dinheiro não tenha sido resultado da atividade-fim da instituição. Caso a atividade para a qual a ONG nasceu fosse lucrativa em sua origem, a ONG poderia ser enquadrada em outra classificação que apresentaremos mais adiante. É fundamental entender esta diferença. Ter dinheiro sobrando significa, somente, que entrou mais dinheiro (doações, transferências subsídios, promoções) do que saiu para o custeio das atividades. Isso não tem relação com o trabalho que a organização presta à sociedade. Imagine que uma creche da periferia receba doações e faça festas periódicas para angariar recursos. O dinheiro na conta com saldo positivo, não faria da creche um negócio; a menos que a creche cobrasse mensalidades das crianças, deixando a natureza de ONG.

O Terceiro Setor, enquanto segmento identificado, opera como uma extensão das políticas públicas. Na impossibilidade da solução providenciada pelo governo, a sociedade civil toma a tarefa para si e promove as respostas gerando impacto positivo e inclusão. Importante perceber que os objetivos de uma instituição do Terceiro Setor são idênticos aos que devem mover os órgãos públicos. A meta é melhorar a vida das pessoas promovendo atendimento e reduzindo desigualdades.

A consolidação das ONGs é de fundamental importância, pois inaugura uma nova dimensão da administração dos problemas pela sociedade e não apenas pelo governo. Compreende-se que a tarefa de combater os problemas não está mais sob a exclusiva responsabilidade dos administradores públicos. A missão é do conjunto dos cidadãos, estejam estes em que posição profissional estiverem.

Um novo capítulo na história das Organizações Não Governamentais está sendo escrito no Brasil. Lideradas pelo empreendedor social, Fábio Souza, um grupo de instituições está redefinindo o conceito de ação social. Em Pernambuco, as ONGs estão usando a sua posição social para gerar negócios. Como nascem para resolver problemas sociais, estas instituições estão situadas na periferia das grandes cidades. Nas áreas marginalizadas, passam a conhecer e conviver com a população mais pobre. O que aparentemente pode ser uma circunstância casual tem se mostrado uma vantagem importante. Ao comunicar-se com os moradores das favelas, uma ONG chega e está inserida em um meio social onde as empresas têm dificuldade de chegar. O governo nem sempre consegue estar presente e implementar suas políticas nesses bolsões de pobreza. O lugar, que é quase inacessível para uns, é a casa de muitos ativistas sociais.

Por si só, a inserção nas comunidades torna a ONG atraente. Posso citar aqui o caso de uma empresa privada, distribuidora de energia elétrica, que sofre com o grande número de ligações clandestinas. As redes irregulares geram prejuízo pelo grande número de clientes não registrados que usam a energia elétrica sem pagar. Além disso, há os casos das pessoas que morrem ou sofrem ferimentos enquanto tentam instalar fios e postes irregulares que resultarão no furto; ou "gato", como chamamos popularmente no Brasil. Em ambos os casos, a companhia pagará o prejuízo. Na primeira situação, o usuário está usando sem pagar; na segunda, a empresa pode ser acionada por não garantir a segurança do sistema.

Interessada em resolver a questão, uma distribuidora procurou as ONGs do Estado onde atua e passou a financiar campanhas feitas na periferia para que os moradores não corram mais risco de vida. O trabalho vem dando resultado. A organização parceira nem precisa ter sido criada com o objetivo de reduzir problemas com a rede de energia. Pode ter sido criada com finalidade diversa. No entanto, a sua posição dentro da favela, por exemplo, pode ser estratégica para a milionária empresa que leva luz às residências. Entenda-se: a posição e o contato com a comunidade formam um ativo do qual a ONG pode fazer uso como forma de sustentar suas atividades.

Outro exemplo interessante foi o do clube de futebol que enfrentou um tremendo desgaste em sua imagem, depois que um torcedor morreu em uma briga na arquibancada. A violência nos estádios não é exclusividade brasileira, mas por aqui, uma atitude pode estar reescrevendo a forma como nos relacionamos com o esporte. Preocupado com os efeitos negativos gerados pela morte na arquibancada, a diretoria do time de futebol procurou as ONGs e passou a lista dos integrantes da torcida organizada. Os ativistas tiveram uma ideia brilhante. Foram às casas dos líderes das torcidas e contrataram as mães deles como seguranças. As senhoras podem não entender de futebol ou nem gostar de estádios, mas gostam e preocupam-se com os filhos. Uma arquibancada cheia de mães idosas está praticamente blindada contra pancadarias.

Os dois exemplos são de projetos desenvolvidos por ONGs do Estado de Pernambuco dentro do projeto conhecido como Porto Social, uma espécie de central de organizações que trabalham ligando os setores produtivos às demandas sociais. O resultado tem sido, invariavelmente, a combinação entre redução de custos ou aumento de faturamento para os empresários e geração de renda para as instituições voltadas para o impacto social.

Cooperativas

Uma forma de causar impacto social positivo é através das cooperativas. São entidades com propósito definido entre seus membros que se reúnem em nome da promoção de algum benefício compartilhado em diversas áreas. Em geral, têm objetivo econômico mesmo sem remuneração salarial de seus integrantes. Boa parte das iniciativas reúne o esforço de seus cooperados de forma que a soma possa obter vantagens na comparação com o benefício que cada um teria agindo sozinho. Uma cooperativa de crédito, por exemplo, acumula recursos de todos para conceder a cada um o acesso que seria impossível isoladamente nas instituições bancárias.

Para abrir uma sociedade desta natureza, é necessário ter mais de 20 participantes, que são responsáveis pela administração. Só para dar uma ideia de seu potencial, a Organização das Cooperativas do Brasil estima que 30% da produção de alimentos do Brasil tenha origem no trabalho de cooperados. Como muitas atuam isentas de impostos e obtendo valores que o produtor não conseguiria se comercializasse sozinho, as cooperativas têm promovido importante impacto em termos de renda para a agricultura familiar, por exemplo.

Governos - Primeiro Setor

Com os olhos na tela da TV, João Raimundo tentava engolir o café que naquela manhã parecia mais frio e fraco do que o normal. Não sabia exatamente qual a tarefa mais indigesta. Aproveitar a primeira refeição que não havia sido feita com o capricho habitual ou entender o conteúdo do noticiário da manhã que passava diante dos seus olhos. Por preguiça ou por causa da chuva que castigava o bairro onde morava naquele fim de outubro, decidiu que o melhor seria ficar onde estava. A padaria que sempre frequentava em Ferraz de Vasconcelos, São Paulo, era local obrigatório para conversas acaloradas que não levavam à solução dos problemas urgentes que João precisava enfrentar.

Desempregado e com o dinheiro da última rescisão de contrato acabando, precisava arrumar um jeito de pagar as contas. Aliviar o orçamento seria como selar a paz na família que também sofria com a falta de perspectivas. Felizmente, 55 *as prestações da casa onde morava estavam em dia... Não sabia até quando. O dinheiro para o mês era pouco e a ajuda do programa de assistência do governo era o reforço para manter a comida na mesa.*

João fez força para prestar atenção à tela. A imagem mostrava uma repórter bem penteada com a expressão séria de quem insiste que é importante engolir um remédio amargo. Em seguida, aparece a imagem de autoridades, deputados ou senadores discutindo durante uma votação. João tinha a impressão de que aquilo parecia propaganda. Os apresentadores com poses teatrais e os jornalistas que falavam da rua pareciam fazer muita força para convencer de algo sobre a política. Não eram só notícias. Havia um esforço de convencimento e este era maior quanto mais difícil fosse o sacrifício imposto ao povo.

Chega. Era impossível entender a linguagem codificada e os termos não faziam muito sentido, mas João já sabia... Nada que saísse daquela reunião ou briga de políticos chegaria como benefício para a população. Deu o último gole de café e saiu para tentar um bico em troca de alguma boa notícia para levar para casa.

Era fim de outubro de 2016 e o Governo Federal do Brasil aprovava no Parlamento o projeto que congelava "gastos sociais" por até 20 anos. As autoridades ricas em um país marcado por desigualdades abissais ganhavam o direito de não reajustar ou ampliar programas de apoio aos mais pobres. Aqueles mesmos benefícios combatidos como assistencialismo ou "bolsa-vagabundo", como muitos gostavam de chamar. Como justificativa, os economistas alegavam a necessidade urgente de aplicar medidas econômicas ortodoxas para equilibrar as contas e salvar o país.

Em países como o Brasil, dinheiro para políticas sociais é considerado "gasto", não "investimento" ou "cumprimento de um dever". Para piorar, meses depois o mesmo governo anistiaria bilhões e bilhões de reais de dívidas com o Fisco de um dos maiores bancos nacionais. Dois pesos e duas medidas que condenariam homens como João Raimundo a mais dificuldades. Claro, os noticiários continuariam fazendo manobras e discursos veementes para justificar a aplicação de medidas que nada mais eram do que ordens dos mesmos bancos que ganham – ou compram – as anistias. O ciclo é sempre o mesmo: homens que fazem a política são empregados de grupos financeiros apenas oficializados pelo voto do eleitor. Autoridades que queimam milhões de reais em campanhas absurdas para chegar ao poder e economizar no social, despejando benesses sobre os donos do mercado. Alguma dúvida sobre a quem os eleitos devem fidelidade?

Por natureza, nenhum mecanismo social teria, por obrigação, maior comprometimento com a geração de impacto social do que o governo. Aliás, só existe um governante para que as forças da sociedade sejam equilibradas a ponto de promover justiça. Lembram das teorias contratualistas? Os pensadores que criaram ou formataram a sociedade moderna e as bases para o capitalismo liberal – com algumas divergências – estabeleceram bases comuns.

Grosso modo, podemos resumir o Estado atual como uma espécie de contrato de troca – o contrato social. Os homens abrem mão de sua liberdade de atuação em nome da proteção de um organismo gestor mais poderoso do que cada um dos seus súditos e até mesmo maior do que a soma de todos. *O Leviatã*[20], figura hipotética criada por Hobbes, é o tirano que a todos governa e com a anuência de cada um dos indivíduos (pode-se até traçar certa relação com a servidão voluntária, conceito de

---

20 HOBBES, Thomas. *O Leviatã*. São Paulo: Martin Claret, 2014.

Étienne de La Boétie[21], mas isso pode ser tema para outro estudo). Uma vez que o cidadão abre mão de poder agir livremente e impor sua força diante dos demais, prevê a contrapartida do equilíbrio da coletividade pelo grupo escolhido para governar. A partir desta perspectiva, entendemos o Estado como depositário da confiança dos súditos e, por isso, todo-poderoso.

Por outro lado, o mesmo Estado tirânico em sua capacidade passa a súdito, serviçal da realização de um projeto de sociedade. Perceba que na medida em que o indivíduo rompe as balizas legais e éticas da convivência com o Leviatã e comete um delito, é punido em nome da preservação da harmonia constitutiva dos alicerces da sociedade. Por outra via, em caso da não efetivação prática do obrigatório equilíbrio social, o Leviatã perde sua razão de existência. É claro que o entendimento desse princípio básico levaria o debate para a justificada revolução contra boa parte dos atuais modelos de gestão pública e seus consequentes arranjos em nome da famosa "governabilidade". Entretanto, vamos concentrar nosso foco em outra direção.

O que significa a construção da sociedade em que vivemos? A existência do Estado com um governo e uma sociedade civil implica – para haver sentido em tudo isso – a existência de equilíbrio entre os integrantes ou signatários do pacto. Estamos falando em justiça social.

O Estado que patrocina a injustiça ou se omite diante de uma sociedade injusta e desigual é ilegítimo. A condenação é automática como é devedor o cliente que não paga ou o vendedor que não entrega o bem negociado. Da mesma forma, a sociedade civil que não age para reduzir as desigualdades também perderia sua razão de ser. Para que existiria o arranjo social se

---

 21 LA BOÉTIE, Étienne de. *Discurso da servidão voluntária*. São Paulo: Martin Claret, 2010.

não para promover o bem a todos? Portanto, nada mais natural do que pensar o conjunto da sociedade, o governo e cada um dos cidadãos como sócios e responsáveis numa aliança pelo equilíbrio da coletividade e pela redução das desigualdades, mais ainda daquelas que resultam em ameaça à segurança, saúde e sobrevivência de algum dos sócios[22].

A Administração Pública, como depositária dos anseios e responsável pelas ações práticas, é quem deve liderar as políticas de impacto social. Para tanto, é dotada de dinheiro dos impostos, secretarias, agências, órgãos reguladores e atua acompanhada por instituições de controle, sindicatos, associações, partidos políticos etc.

A questão é que, na prática, as coisas não funcionam assim e nem tais atribuições soam tão claras para as pessoas. O discurso hegemônico consolida o consenso que ludibria as visões da maior parte dos observadores. Sob o manto da "austeridade fiscal", "reformas estruturantes", "responsabilidades" de toda natureza, criam-se mecanismos que ano após ano perpetuam a eterna transferência de recursos públicos para bolsos privados e para a acumulação de capital. Já mencionamos aqui os contrastes entre os que têm muito e aqueles que nada têm.

O foco da maior parte dos países que lutam para ficar no sistema é o mercado e suas regras. O pretexto é que o respeito às regras do mundo das finanças seria o único meio de garantir recursos para posteriormente reverter ganhos às políticas sociais. É a antiga cantilena de fazer o bolo crescer para depois repartir entre todos. Historicamente, sabemos que apesar do argumento

---

22 Importante ressaltar que os riscos aos quais faço referência são aqueles que emergem da ação ou omissão do Estado, e não dos nascidos de acaso ou causas acidentais. A falta de cobertura de saúde é um dano causado pela sociedade à vítima. Uma enxurrada que causa mortes estaria, por óbvio, além do alcance das esferas governamentais.

do "mercado" e de seus militantes, o bolo jamais cresce o suficiente para ser partido sem falar nas gerações e gerações mortas à espera de sua fatia na fila do posto de saúde.

Nada contra haver um mercado, mas perceba que se a realização das metas que escolhemos impõe o sacrifício desnecessário de vidas ou a humilhação de pessoas em condições absurdas, é óbvio que a nossa escolha está errada e não as pessoas que morreram esperando. O mercado é apenas uma justificativa impessoal para a crueldade e se a culpa é do mercado, não é minha nem sua.

Estamos num momento em que a capacidade do governo está exaurida em boa parte do mundo. Os modelos estão desgastados, não há habilidade para renovação. Mesmo as nações mais ricas enfrentam desafios importantes para manter a qualidade de vida da população. A obediência aos receituários ortodoxos e a valorização injustificável das opiniões das agências de classificação de risco também estão minando o potencial do governo, porque tiram dele a capacidade de levar a termo a sua finalidade original – zelar pelo equilíbrio entre os homens ou justiça social. Claro que, para os defensores da teoria do crescimento do bolo, a finalidade do governo é ser cuidadoso com as contas e manter os números em dia, mas já vimos que respeitar a economia atual é condenar a própria missão. Nos moldes atuais, só é possível cumprir as tarefas e ser "responsável" massacrando a população pobre nacional ou de país estrangeiro.

A possibilidade de inovar com grandes resultados nos setores públicos tem sido muito limitada e as demandas são crescentes. O número de pobres aumenta ao mesmo tempo que transferimos montanhas e montanhas de dinheiro para grupos que possuem tanta riqueza que mal conseguem contabilizar o patrimônio. O esgotamento do potencial social do governo faz com que ele fique fragilizado diante de grupos econômicos que passam a financiar as suas políticas por meio da compra de títulos públicos ou parcerias. Sem ter como aplicar mais recursos nas áreas sociais, nossos comandantes aumentam a dose do veneno que está matando o paciente aos poucos; mais arrocho nas contas, como se "salvar os números" do mercado resultasse em qualquer ganho coletivo futuro.

Impressionante não percebermos o artifício exposto nessa lógica mortal que está nos levando sempre para o meio do ciclo da pobreza e da injusta concentração de riquezas. Não é à toa que a cada nova crise, defende-se um novo ajuste de emergência, a reedição do corte de garantias e programas sociais que, muitas vezes, são tudo com que as pessoas pobres podem contar. Para piorar o contexto no qual encontra-se boa parte dos governos, com baixo investimento social, os administradores perdem apoio entre a população mais pobre que se distancia da política e deixa de ver o Estado como uma esfera de proteção.

Acabamos em uma dinâmica na qual o governo fica isolado da comunidade que representa e para manter-se depende apenas do setor financeiro. A base popular foi perdida, mas será lembrada como personagem de ficção na próxima campanha eleitoral.

Turbulências à parte, fato é que o governo nasceu para causar impacto social; está em seu DNA. Não haveria outra razão para termos um conjunto de instituições oficiais que não para defender a vida, estimular o desenvolvimento das pessoas e equilibrar as forças presentes na comunidade. Ninguém espera que os administradores públicos sejam descontrolados quanto aos gastos e despejem dinheiro no ralo sem responsabilidade. Todos concordamos que o ideal é contar com governantes

61

responsáveis. O problema é no que o termo foi traduzido, precisamos reescrever o conceito de responsabilidade.

O que é ser responsável? Pagar 600 bilhões de reais por ano para quitar juros que já foram auditados, comprovando-se serem indevidos e que cresceram à base de corrupção privada sobre entes públicos enquanto mantemos crianças sem lanche nas escolas? O mercado que está sustentado na injustiça não tem que ser seguido e respeitado como um Deus; precisa ser reconstruído em outras bases. Esse Deus está nos levando à morte! Preso por um receituário internacional que olha para as nações sem enxergar seus cidadãos, os governos acabam com poucos recursos para investimentos sociais que podem fazer a diferença na vida das pessoas.

A demanda é tão grande que, ao reverter sobras de orçamento ou migalhas, o impacto é festejado como uma redenção ou inauguração de novos ciclos. O Estado dispõe de estruturas para gerar impacto, corpo técnico competente e pode ser o líder da mudança social em nome do bem da coletividade. Fazer ou não fazer é questão de escolha justa ou injustamente sustentada pelos gráficos e planilhas de orçamento. É preciso reagir. O governo não pode ser instrumento de grupos de empresas em nome da concretização de metas insanas.

Um ponto importante é por que o governo não consegue? Não há uma única explicação para isso. A sociedade atual é muito mais complexa do que quando as bases do capitalismo liberal foram lançadas. A urbanização acelerada criou distorções profundas drenando a população do campo e jogando multidões nas periferias sem as mínimas condições de saneamento ou dignidade para os moradores. A humanidade viveu este êxodo durante a Revolução Industrial – dramaticamente desumana na

Grã-Bretanha – e no Século XX voltou a ver o mesmo fenômeno em países como o Brasil.

Os moradores das favelas são as maiores vítimas de um processo de especulação imobiliária que resultou na necessidade de transporte de massas diariamente entre os locais de moradia barata – muitas vezes, insalubre – até os centros ricos onde um trabalhador médio jamais conseguiria comprar qualquer habitação. A opção para alguns é depender no mercado especulativo dos aluguéis. A questão é que a dinâmica da economia, do mercado e suas empresas privadas é muito mais ágil do que a do governo, preso por uma série de regulamentações e deveres. O processo de compra do governo é feito por licitações e concorrências que tornam tudo mais lento. A demora na resposta do Estado serve de argumento dos defensores do mercado tradicional. É natural e desejável que os processos públicos sejam mais criteriosos do que o das empresas privadas, uma vez que há toda uma enorme quantidade de proteções e garantia. O problema é que, como são lentos e não evitam os desvios, os processos obrigatórios no setor público viraram mais um motivo para a descrença e sinônimo de incompetência.

O Brasil passou por um processo acadêmico de destruição da imagem do setor público no Século XX. Começou com Sérgio Buarque de Hollanda nos anos 1930[23] e a figura do brasileiro como "homem cordial"[24]. Em *Raízes do Brasil,* obra consagrada na sociologia acadêmica, o autor discorre sobre uma suposta predileção do brasileiro pelo clientelismo e frouxidão no zelo com a coisa pública. Ao longo do tempo e de numerosos estudos somados aos repetidos exemplos de corrupção só deram credibilidade

23 SOUZA, Jesse. *A tolice da inteligência brasileira.* 1. ed. São Paulo: Casa da Palavra, 2015.
24 HOLANDA, Sérgio Buarque. *Raízes do Brasil.* São Paulo: Companhia das Letras, 2015.

à crença de que toda a corrupção e toda ineficiência estão no setor público. É bom lembrar que o preconceito e a ideia previamente sentenciada de que o Estado é corrupto estiveram até bem pouco tempo estampados em nossa legislação. O crime de corrupção era exclusivo para integrantes das esferas públicas. Mesmo que em flagrante delito, o empresário, o operador do mercado não poderia ser punido legalmente pelo crime de corrupção. Reforça essa ideia a observação da cobertura da imprensa para os repetidos escândalos financeiros. Todo caso de corrupção estatal é tratado com grande destaque. Já as fraudes de origem privada ganham relevância quando há relação com os governantes ou membros do Legislativo. Veja duas situações que servem de exemplo: a investigação sobre os desvio de dinheiro da Petrobras – totalizando 6 bilhões de reais em uma década – atraíram muito maior atenção dos jornalistas do que o outro caso, batizado de Operação Zelotes, que tratou de denúncias de sonegação das empresas privadas junto à Receita Federal do Brasil e que estava estimado em um rombo de mais de 19 bilhões de reais.

Disseminou-se no Brasil e outros países da periferia a ideia de que o Estado é grande demais – independentemente do setor ou da complexidade da demanda –, lento demais, naturalmente ineficiente e incapaz de dar conta dos desafios impostos pela sociedade atual. Gostaria de fazer um pequeno reparo em termos de conteúdo que pode fazer diferença sobre o tema. O Estado pode **estar** ineficiente por questões circunstanciais. Entretanto, não é uma condição obrigatória ou da qual não podemos escapar. Há governos tremendamente eficientes mundo afora e com resultados muito importantes na distribuição de riquezas e na garantia de bem-estar para seus cidadãos. O governo do Canadá, dos países da Escandinávia e alguns países asiáticos contabilizam altíssimos índices de eficiência, e não apenas no campo social. Quem está fazendo bem o dever de casa tem usado uma fórmula variável, mas com um eixo comum muito eficiente: Estado enorme no campo social e com monopólio de áreas como saúde de massa, segurança e educação, evitando a mercantilização do que deveria ser inegociável; agilidade e regulação eficiente das atividades produtivas, quase como um agente dos empresários com abertura de mercados; e cobrança de posturas éticas e responsáveis pelos operadores privados. Só isso? Não. Há algo muito importante além da filosofia de atuação do governo. Vejamos.

Segundo boa parte dos economistas, o padrão de vida de uma nação – e seus cidadãos – depende diretamente da capacidade que aquele país tem de produzir bens e serviços; de preferência, produtos com alto valor agregado, como tecnologia. Nicholas Gregory Mankiw mostra um dado sobre a brutal desigualdade entre as nações.

> **"Em 2006, o norte-americano médio teve renda de aproximadamente $ 44.260. No mesmo ano, o mexicano médio ganhou $ 11.410 e o nigeriano médio, $ 1.050."**
>
> (MANKIW, 2009)

Sabemos que os Estados Unidos têm enorme capacidade de produzir bens e serviços e de internacionalizá-los. Do outro lado estão os países periféricos, que permanecem com reduzida capacidade produtiva ou concentrados na exportação de *commodities*. É a perpetuação da lógica colonial onde as economias primárias exportadoras despejam bananas no mercado e compram computadores de última geração.

Pelo Princípio da Deterioração dos Termos de Troca – sobre o qual já falamos – o desnível entre países ricos e pobres só tende a aumentar. Os governos da periferia acabam reféns da economia global que impõe a operação com mão de obra barata na periferia para que empresas internacionalizadas criem produtos caros e remetam lucros para suas origens. Ano após ano, os balanços resultam em déficits nas contas dos governos mais pobres e o dinheiro disponível para o orçamento nacional diminui enquanto as demandas aumentam e o mercado financeiro exige cumprimento dos compromissos – mesmo que injustos ou abusivos. Pelas regras do jogo, desrespeitar as normas das finanças internacionais é ato reprovado e punido com rigor.

As agências de classificação de risco lideram a desconfiança internacional, o capital especulativo chega e vai embora das bolsas de valores com enorme facilidade e ao sair deixa um rastro como se o mundo tivesse acabado, mas não acaba. Trata-se apenas de terrorismo patrocinado no noticiário para que o governo caia em descrédito; chantagem com consequência nas contas dos países e, claro, nas vidas das pessoas. Sem conseguir resistir à pressão do mercado, os governantes acabam cedendo e, finalmente, adotam o receituário ortodoxo da austeridade. Aceitam cumprir as regras impostas pelos países centrais e enchem os cofres com dinheiro de empréstimos que só adiam o colapso. E como isso acontece? Invariavelmente, passam à agenda das privatizações, desregulamentações e redução de direitos; e a política de salvação evita que o mercado financeiro fique sem dinheiro. Todos recebem o que era esperado, menos os cidadãos, que não conseguem o mínimo de proteção mesmo com altas cargas de impostos que deveriam reverter em seu favor antes de qualquer outra instância.

A subtração de privilégios adquiridos (como o direito à aposentadoria, assistência médica, educação gratuita e serviços adequados que amparam um salário social satisfatório) tornou-se, no neoliberalismo, uma forma

descarada de espoliação racionalizada que agora é reforçada por uma política de austeridade adotada em nome da retidão fiscal.

(Harvey, David)[25]

Sem recursos os governos não podem investir em pesquisa, avanços tecnológicos ou proteção de seu mercado e seus produtos. A economia enfraquece e a saída é apostar nos produtos que já dão algum lucro, como o agronegócio. Nada de diversificação da atividade econômica e está completo o ciclo dos países periféricos. É o mecanismo colonial reeditado. O que muda é o tamanho do tempo entre uma crise e outra, mas ela sempre vem, pois não alteramos a forma de agir no tabuleiro internacional. É preciso que abandonemos o tabuleiro. O jogo não cabe mais nas casas pretas e brancas da geopolítica liberal.

A relação dos governos com cada empresa e com o conjunto delas que configura o mercado nem sempre segue princípios republicanos; nem mesmo nos países que se autodefinem como "Repúblicas". Como dissemos anteriormente, o candidato recebe milhões e milhões de reais em doações para que faça uma campanha competitiva. Caso consiga vencer e ocupar o posto de poder que almejava, terá que pagar a conta. Para a empresa foi apenas uma aposta; capital de risco. Tanto é verdade, que é comum grandes conglomerados pulverizarem dinheiro nas campanhas dos principais candidatos em volumes que variam conforme as pesquisas de intenção de voto. Neste sentido, as pesquisas são indicativos importantes para quem vai aplicar dinheiro em campanhas, pois servem como indicador de maior ou menor probabilidade de perder ou ganhar. Ninguém vai acreditar que, no mundo dos negócios, dinheiro é dado aos montes

---

25 Harvey, David. 17 contradições e o fim do capitalismo. (Locais do Kindle 3052). Boitempo Editorial. Edição do Kindle.

sem cobrança de contrapartida ou pagamentos. O candidato eleito não é livre. Não será um político isento guiando os rumos da nação. Antes disso, é um funcionário de um conglomerado que o colocou onde ele e seu partido queriam.

Tenha certeza de que a cobrança do pagamento será sempre dura e deverá retornar em dinheiro por meio da abertura de mercados ou de algum tipo de benefício em obras, licitações, desregulamentação ou qualquer meio de ganhar muito mais do que foi investido. Negócios são negócios, ora. O elo de fidelidade leva governantes a cometerem insanidades das mais inacreditáveis. Um exemplo foi mais um anúncio – dessa vez pelo presidente Donald Trump – de que os Estados Unidos não assumirão o Acordo de Paris, no qual as nações comprometeram-se a reduzir emissões de gases causadores do aquecimento global. Assim como havia feito em relação ao Protocolo de Kyoto, novamente a nação mais poluidora e com mais recursos disponíveis para investimentos na mudança das matrizes produtivas decidiu que não é interessante investir em metas ambientais. Um relatório da ONU havia estabelecido um limite de 2 graus de elevação até o fim do século para que as mudanças fossem administráveis. No ritmo atual, estávamos apontando para 3,4 graus, de forma que nem com os compromissos assumidos nessas rodadas – Paris e Kyoto, por exemplo – seria possível ficar em apenas 2 graus a mais. Imagine sem assumir o compromisso.

Não está errado quem acusa o governo de ineficiência, cobrança de impostos em níveis muito acima do serviço prestado, corrupção e estrutura muito maior do que o necessário. O ponto é que estas são condições oriundas de determinadas circunstâncias; não resultados obrigatórios. É possível construir Estados diferentes. A proposta é moldar uma nova economia com novos agentes – mais responsáveis pelo todo da sociedade –, o que resultará em um novo conceito de cidadania e, consequentemente, em um novo governo.

Negócios tradicionais - Segundo Setor

Atrás da vidraça do 9º andar aquele caos no trânsito parecia um papel de parede. Nada do som das buzinas, dos motores, dos xingamentos entre motoristas. Apenas um lento movimento dos carros nos dois sentidos da avenida mais cosmopolita de São Paulo. Marcos estava concentrado no silêncio que o vidro espelhado do elegante prédio da companhia proporcionava. O clima era ideal, regulado pelos poderosos aparelhos de ar-condicionado que resfriavam o ambiente.

Do verão, sentia apenas a imagem do sol intenso na paisagem da capital mais importante para a economia do país. O diretor comercial não parecia preocupado com o trânsito ou com a inclemência da estação do ano. Seu futuro tão promissor estava ameaçado. Há dois anos no cargo daquela multinacional, havia assumido o posto em condições nada favoráveis. Fora levado ao comando em substituição ao ex-chefe sobre o qual pairavam suspeitas de má gestão de dinheiro da companhia.

Ao chegar ao cargo, Marcos não promoveu mudanças acentuadas imediatamente. Tratou de "pousar o avião", como dizia. Faltavam quatro meses para o fim do ano e o melhor seria não promover nenhuma guinada. Concentrou-se em consolidar as conquistas e tratar do plano para o ano seguinte. Terminou o exercício recebendo elogios, mas sabendo das desconfianças dos colegas, pois nada havia feito até então. Apenas, concluíra o que estava escrito.

No ano seguinte, sim, seria a vez de implementar mudanças importantes. Estudou muito, avaliou dados e tendências e aplicou o que seria uma importante virada comercial na empresa. A meta era ganhos mais importantes do que os anteriores e em dois sentidos: elevar as receitas e melhorar a imagem da companhia investindo parte dos ganhos para ajudar comunidades antigamente afetadas pelas atividades da própria empresa. O plano revelara-se bem-sucedido nas reuniões de planejamento e, potencialmente, ganhos no médio prazo com a melhor avaliação dos produtos junto à população. Entretanto, na execução algo saiu errado. As vendas não foram boas em meio às turbulências do mercado e o efeito esperado no marketing não gerou nenhum benefício aos negócios.

Marcos estava pensativo e muito preocupado. A posição que abria portas para uma vida mais tranquila e com acesso aos verdadeiros "players" de um cobiçado mercado empresarial estava ameaçada. No primeiro ano de voo solo, a situação já era crítica. Talvez, os colegas desconfiados estivessem certos e os primeiros meses haviam sido sucesso apenas pela tutela do antigo chefe e pelas bases já lançadas. Agora, talvez, a boa intenção em gerar algum ganho para a comunidade não fosse importante.

Começa a reunião do Conselho com a presença dos diretores e de acionistas. Todos muito comedidos, mas já conhecedores dos números. Marcos é chamado a expor as contas. O faturamento havia caído 22% e o lucro líquido não havia sido o esperado. O novato gestor lançou mão do artifício que sustentava a sua ação desde o início.

– "Perdemos dinheiro no ano de crise, mas aumentamos os benefícios que entregamos à população das áreas onde atuamos. Não foi uma perda, mas investimento importante para o futuro. Estamos melhorando a vida das pessoas, alinhando a imagem da empresa com a realidade que exige mais responsabilidade do setor empresarial e semeando bases para um ganho maior e mais solidário no futuro. Estou certo de que o impacto financeiro virá como efeito natural de nossa *conduta que começamos esse ano." – Concluiu aliviado e esperançoso com o apelo pela causa que tanto o motivara.*

Não seria o suficiente. Sem os números esperados não haveria qualquer negociação. Marcos ganhou uma volumosa indenização e teve o cargo dividido entre dois departamentos com uma visão agressiva de mercado e mais adequada aos interesses da empresa.

Quais são os maiores desejos dos empresários? Não sabemos de uma resposta no plano individual, mas é fácil concluir sobre o que o conjunto do empresariado mais deseja. Basta que prestemos atenção ao conteúdo do noticiário das grandes redes de jornalismo. Sob o argumento de agradar ao mercado – sempre ele –, prega-se a redução dos impostos, tamanho do Estado e aprimoramento da infraestrutura para estimular o setor produtivo e reduzir seus custos. Cria-se uma lógica fantasiosa que, na ausência do governo, o mundo seria muito melhor e que a redução dos impostos resultaria em empregos e eles promoveriam um surto de desenvolvimento na sociedade. Nada disso é verdade e não sou eu quem está dizendo. Basta analisar a história e o que tem acontecido no Planeta para ver que a promessa de um mundo justo e de inclusão não se realiza a partir da maior lucratividade das empresas.

Para entrar nessa conversa da relação das empresas com o desenvolvimento coletivo, precisamos entender uma coisa: as empresas tradicionais não são criadas para melhorar a vida das pessoas. Seus produtos e serviços até podem ter este efeito, mas elas surgem para explorar oportunidades em que ninguém atua ou onde há espaço para mais atores. A lógica é aproveitar uma oportunidade, criar uma estratégia para explorar essa oportunidade e gerar lucro. O objetivo é o lucro. A tarefa no longo prazo é perpetuar os ganhos e crescer eliminando ou vencendo os concorrentes. Não há nada de errado nisso, mas é importante que entendamos para que não se romantize o tema. Podemos ter um mundo justo com empresas lucrativas e este livro vai demonstrar mais adiante. Por ora, precisamos entender que o empresário quer maximizar lucros e para isso pode investir no aumento do volume de vendas, elevação dos preços dos produtos ou reduzindo os custos que precisa assumir. Aqui entram as queixas quanto aos impostos, quanto às regulamentações e todo o conteúdo que o setor produtivo patrocina para ser incluído nos noticiários como matéria jornalística – em geral com foco repetido e sem espaço para críticas.

Podemos dar milhares de exemplos, mas apenas um é suficiente. No dia 06 de junho de 2017, o noticiário matinal de uma grande rede no Brasil estampava em suas manchetes que o trânsito no país mata muitas pessoas e mutila milhares de outras. Com isso, parte da força produtiva é perdida em uma economia que precisa de trabalhadores. Vejam só, nada nisso está errado. As mortes são um absurdo e o trânsito é violento; os efeitos sobre a força produtiva são consideráveis. Pena que o texto não destacou a vida das pessoas; a queda de felicidade em um jovem que passa a sofrer fisicamente pelo resto da vida por causa de uma imprudência, por exemplo. O destaque maior era dado para a perda de uma ferramenta que poderia estar revertendo lucro no mercado.

O segundo ponto de nossa análise sobre a importância de proteger os lucros das empresas está na dissociação que isso tem em relação aos ganhos sociais efetivos. É verdadeiro que o setor privado tem enorme impacto sobre os empregos; ele emprega, treina e mantém o movimento da economia. A questão fundamental é que não podemos confundir isso com justiça social.

Emprego não é sinônimo de justiça social.

Certa vez, conversava com um colega no corredor de uma emissora em que trabalhei e ele questionava um comentário que fiz, em que argumentei que para resolver problemas de segurança pública é preciso investir muito em políticas sociais; promover a igualdade na distribuição de riquezas e dar condições de desenvolvimento a todos, incluindo os mais pobres. Não podemos continuar tratando mais do problema da violência do que do da pobreza. A pergunta que o colega fez deixa claro como estamos distantes em termos de consciência de qualquer possibilidade de um mundo mais equilibrado e justo: "Mas, Guilherme, como você explica que durante o período onde tínhamos apenas 4% de desemprego, a violência continuava crescendo?" A resposta é clara. Emprego por um salário mínimo, que mal cobre gastos com moradia e alimentação e que pessoas assumem por total impossibilidade de escolha, não é justiça social. Manter trabalhadores a cidades e cidades de distância do local de trabalho, sem poder ter qualquer projeção de mudanças em suas condições de desenvolvimento é emprego e tão somente, emprego. E por falar em empregados, lembre-se da justiça social quando ano após ano tivermos reposição salarial abaixo dos índices reais de reajustes dos alugueis, alimentos, transporte, combustíveis etc.

Nosso histórico mostra alguns detalhes muito preocupantes. Vejamos as empresas exportadoras e com enorme lucratividade no Brasil. Elas ganham isenções, abatem impostos, conseguem empréstimos em fundos privilegiados, tudo para garantir emprego e manter produtos nacionais com liderança e espaço no mercado internacional – não esqueça, na maior parte dos casos, *commodities*. A sociedade como um todo abre mão de receber tudo que poderia para preservar postos de trabalho e divisas. Mesmo com o pacote de incentivos para quem já possui meios de crescimento, é comum que os mesmos empresários beneficiados com as políticas para desenvolvimento do setor privado sejam alvos de investigação por sonegação fiscal, lavagem de dinheiro, compra de políticos e trabalho escravo. Em 2016, as autoridades judiciárias brasileiras identificaram um cartel montado no setor de combustíveis, em Brasília, Distrito Federal[26]. Segundo a investigação, os valores desviados com a cobrança nos postos pode chegar a um bilhão de reais por ano; fora o lucro natural da atividade. Não é possível que acreditemos que apenas o setor privado promoverá a sociedade que sonhamos. Não é assim que funciona. O empresário não quer que o governo atrapalhe seus ganhos, mas pede auxílio do governo quando as leis do mercado ameaçam a sobrevivência dos negócios, como aconteceu em 2008. Portanto, está claro que a situação atual é de retroalimentação entre o governo e o setor privado e em parâmetros nem sempre danosos para a coletividade.

Então, empresas não podem fazer o bem ou gerar impacto social? Não queremos desconsiderar os conglomerados econômicos e nem invalidar a importância do setor privado para a economia e para a coletividade. A solução defendida nesta obra passa, necessariamente, por empresas privadas fortes, atuantes, autônomas e muito, mas muito conscientes de seu papel social. As empresas podem e devem gerar impacto social positivo para as comunidades onde atuam. Elas também são parte da sociedade e uma cidade melhor tem efeito benéfico inclusive para a própria empresa. Muitas companhias já têm em seus processos

---

26 Disponível em: <http://g1.globo.com/distrito-federal/noticia/2016/01/contra-cartel-cade--intervem-na-maior-empresa-de-com bustiveis-do-df.html>.

departamentos dedicados a gerar impacto social e ambiental em um ponto tão avançado que fazer o bem já é algo visível em sua marca, e não apenas como marketing; outras empresas estão começando. Fato é que ter um propósito além do dinheiro começa a aparecer como valor importante e reconhecido pela comunidade bem além dos benefícios fiscais que disso podem advir.

Podemos discorrer páginas e mais páginas sobre os mais variados valores e nuances que vão da motivação do marketing corporativo até a causa que move algumas companhias e não se dissociam de sua essência. No entanto, não é nosso objeto aqui. A ideia é esclarecer sobre as possibilidades de impacto social e como cada uma delas se articula com o contexto de sua origem. No caso das empresas tradicionais, é fundamental entender que, ao contrário das ONGs, elas não surgem para resolver problemas sociais e, por mais benéficas que sejam em suas cidades ou países, fazer o bem é um efeito colateral da atividade.

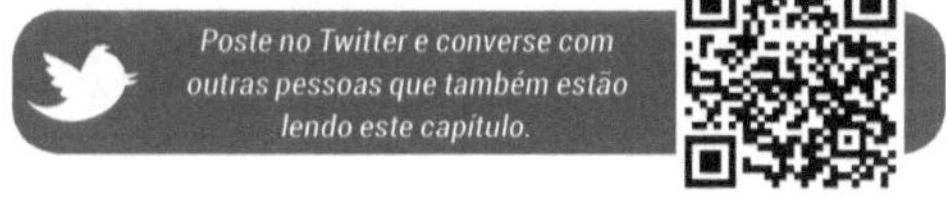

75

4

NEGÓCIO SOCIAL – O MERCADO COMO MEIO PARA A FELICIDADE E JUSTIÇA

#edb_NegocioSocial

Equilibrando-se na pequena carroça, Shaira não entendia bem como o mundo dos adultos funcionava. Já estava acostumada a ver carros de luxo circulando pelas avenidas do outro lado da cidade, pessoas bem vestidas e lojas caras. Parecia um lugar distante, mas era a sua vizinhança, ficava logo ali. A Ilha de Ikoyi parecia cópia daqueles lugares que a jovem de 10 anos costumava ver nos programas de TV.

Quem olhasse no mapa da capital nigeriana, Lagos, talvez, não imaginasse quantas diferenças estavam separadas por apenas 12 quilômetros. Entre o bairro caro de Ikoyi e a comunidade de Makoko há um mundo de desigualdades. Mais de 200 mil pessoas vivem na região onde Shaira nasceu. Dez anos de vida acompanhando a luta da família para garantir a sobrevivência e nenhum traço de revolta contra o sistema. A menina de olhos tristes e apenas uma década de vida conhece mais sobre a palavra "superação" do que muitos dos vizinhos ricos em fim de carreira, mas para ela a questão toda poderia ser resumida a um ponto básico da diferença: a água.

Com sede, debaixo do sol intenso, ela perguntava ao pai por que não tinham água fresca para beber. Impossível sentir-se parte de qualquer sociedade ao ouvir a filha tão pequena e inocente reclamar por água fresca. O pai não podia fazer nada. Água tornou-se um produto privado em um dos locais mais insalubres e paradoxais do Planeta. A comunidade de Makoko vive sobre as águas que banham a capital, Lagos, mas poucos têm o que beber. Os barracos de madeira estão sobre lagoas de poluição e muitas pessoas desidratadas. Na cidade toda, 15 milhões de pessoas não têm acesso à água encanada ou a conseguem sem regularidade (no total, são 844 milhões no mundo todo).[27] A distorção é fruto da expansão urbana e do comércio de água potável na mão de multinacionais riquíssimas que brindam os negócios e jamais tomarão conhecimento da existência de meninas como Shaira. O pai pediu paciência à menina, baixou a cabeça e seguiu empurrando o carrinho.

"A OCDE estima que cada americano consome seiscentos litros por dia para beber, tomar banho, lavar louça e outras atividades domésticas. No outro extremo da escala, um moçambicano consome doze litros por dia — cinquenta vezes menos. Sem água, as coisas podem desandar rapidamente, como mostraram os acontecimentos no Reino Unido em 2007."

(John Casti)[28]

Um dos objetivos centrais do negócio social é promover a igualdade, mas é importante que façamos algumas considerações a respeito do termo que já foi muito usado como instrumento de política. O que pretendemos dizer com "igualdade?" A noção de

---

27 Segundo dados da ONG WaterAid. Disponível em: <http:// www.wateraid.org/>.

28 CASTI, John. *O colapso de tudo* (Locais do Kindle 3.561). Intrínseca. Edição do Kindle.

homens iguais na sociedade passou por variações de sentido a partir de alguns momentos políticos importantes na nossa história recente. Só para citar duas situações em que a igualdade esteve no centro dos programas políticos revolucionários e com conteúdos diferentes, vamos retomar rapidamente dois momentos de ruptura: a Revolução Francesa e a Revolução Bolchevique.

No movimento francês, que estourou em 1789, tornar os homens iguais perante à Nação era um dos pilares da sociedade com a qual se sonhava. A quebra dos privilégios da nobreza e a opressão dos camponeses eram os alvos que só foram atingidos depois de muito sangue derramado. A igualdade seria tornada um dos ideais e só se traduziria em realidade caso cada cidadão contasse com atenção do Estado e oportunidades promovidas pela sociedade para contornar limitações e realizar o projeto de uma vida digna. Não haveria igualdade, caso não houvesse dignidade de fato entre os franceses. O ideal estava na Constituição proposta pelos revolucionários e inundaria os estatutos legais mundo afora[29]. O movimento francês deu origem aos chamados direitos sociais.

No Brasil, esta natureza de direito está prevista na Constituição Federal:

> **"Direitos sociais, são as liberdades públicas que tutelam os menos favorecidos, proporcionando-lhes condições de vida mais decentes e condignas com o primado da igualdade real".**
>
> (Lammêgo Bulos)[30]

---

29 A chamada Constituição Cidadã de 1988 concentra notável esforço para tornar reais as necessidades de igualdade entre os cidadãos. O Brasil é um dos países mais desiguais do mundo e a simples colocação de previsões legais no mais importante dos códigos já foi um importante avanço. Evidentemente, a positivação de direitos não é sinônimo de execução do previsto na vida prática. A própria existência desta obra é prova de que há muito o que se avançar.

30 LAMMÊGO BULOS, Uadi. *Curso de direito constitucional.* São Paulo: Saraiva, 2011.

Já na Revolução Russa, os bolcheviques propunham-se a construir uma sociedade igualitária, na qual a igualdade não seria atributo aliado à liberdade imediata. Pelo contrário, a ação do Estado é que controlaria a sociedade ao ponto de dar a todos condições iguais dentro das possibilidades econômicas do momento. Obviamente, qualquer governante pretende dar a seu povo a possibilidade de escolha e algum grau de autonomia. Isto não aconteceu na União Soviética por força da limitação das condições econômicas internas. A falta de financiamento via capital externo obrigava o governo a desestimular o consumo interno supérfluo e proibir o consumo de produtos estrangeiros. Definitivamente, sem possibilidade de oferecer crédito para todos não seria viável aplicar receitas keynesianas nas quais a economia permanece ativa a partir do estímulo a cada um para que faça negócios, consumindo e vendendo de forma que haja equilíbrio das forças do mercado. Ao contrário, a sustentação do projeto soviético só seria viabilizada por meio de poupança interna, uma vez que o país só poderia contar com seus próprios recursos.

Sem pretender mergulhar em questões históricas e políticas mais profundas, precisamos entender que a igualdade não é um conceito absoluto e de sentido estanque em todos os países e em qualquer época. Nos dois exemplos, isto fica claro.

O negócio social também nasce para promover a igualdade, não como meio de viabilização de um projeto econômico, mas como a expressão da justiça social. As pessoas não são iguais em experiências, mas devem ser iguais em oportunidades de uma vida digna e desenvolvimento individual. Educação e saúde de qualidade devem estar disponíveis a qualquer um. Portanto, para os empreendedores sociais, o fim de toda atividade econômica precisa apontar nesse sentido. Qualquer ação no meio social que desvie a comunidade desse caminho não deve ganhar protagonismo. A partir deste momento do livro, passaremos a ter como premissa o ser humano como fim em si mesmo, e não como meio para realização de um projeto, de metas ou números. Toda a argumentação do que chamamos de nova economia terá este denominador comum e esta lógica será a medida do sucesso.

"Uma mente que se abre para uma ideia nova jamais retorna ao tamanho original."

(Albert Einstein)

Quando tocamos no tema "Negócios Sociais", inauguramos uma nova maneira de pensar a Economia a partir da qual o mercado vira a ferramenta para que, efetivamente, desenvolvamos as pessoas. Estamos invertendo a lógica canonizada até aqui. Não existe mais bolo a crescer para que no futuro dividamos cada fatia. Não há que se esperar pela ação do fermento. Digamos que nosso potencial atual seja capaz de gerar, apenas, uma migalha de riqueza, então, que ela seja distribuída entre as pessoas.

Nas próximas páginas, ficará claro que estamos produzindo muito mais do que míseras fatias. O mundo produz toneladas de bolos, pães, tortas das mais variadas – para permanecermos na metáfora culinária – só que nada disso está chegando aos que mais precisam. Não há necessidade de espera ou sacrifício, já somos capazes pela simples combinação de esforços, competências e solidariedade). Pela dinâmica do negócio social, não há espaço para alguém comer enquanto os demais assistem iludidos por discursos habilmente programados e difundidos pela imprensa de massa; também acostumada a garantir o seu pedaço e acalmar a fila dos que morrerão esperando.

Por outro lado, falar em igualdade não significa que todos receberão os mesmos salários, terão os mesmos bens ou tudo absolutamente igual. Igualdade não é um congelamento do ponto de chegada; mas a equivalência no ponto de partida. Há uma base de condições que deve ser igual e justa e é aqui que todos devem começar. Feitas as ressalvas, vamos à caminhada pela nova Economia. Seja bem-vindo!

Igualdade não é um congelamento do ponto de chegada; mas a equivalência no ponto de partida.

Origens - Fazer, fazendo

Podemos entender a nova Economia como uma revolução silenciosa que está tomando o Planeta a partir da periferia. Nada de armas ou instrumentos de luta violenta para derrubar governantes ou destruir um sistema; nada disso será necessário. O sistema destruiu-se sozinho por autofagia. Os negócios sociais inauguram uma nova forma de conceber e estabelecer a atividade econômica em que as riquezas produzidas são naturalmente compartilhadas. Não é filantropia ou solidariedade, são negócios lucrativos e bem estruturados. É possível dizer que sempre houve iniciativas para combater a pobreza e os demais problemas sociais, como já dissemos aqui anteriormente. Até mesmo negócios voltados para reduzir problemas sociais já foram criados em outros momentos da história da humanidade.

A diferença para o que vem ganhando o nome de "negócio social" é a sistematização de um modo de produzir e estruturar o setor produtivo obtendo efeitos positivos sobre a comunidade. A partir de um planejamento e com metodologia definida, passamos a contar com uma forma programada de fazer o mercado e não em algo acidentalmente bem-sucedido. Note-se que menciono "FAZER" o mercado. Ele não é um Deus alheio ao homem; ele é o que nós fazemos todos os dias. Não é possível retomar todos os casos em que negócios fizeram bem à comunidade; seria algo subjetivo demais e sem referências confiáveis em termos de pesquisa. Por isso, nosso marco inicial serão as iniciativas do grupo conhecido como Grameen, em Bangladesh.

Tudo começou em 1976, quando o economista bengalês, Muhammad Yunus, alimentava dois sentimentos distintos. Orgulhava-se de ter conseguido Ph.D em Economia pela Universidade de Vanderbilt, nos Estados Unidos, e por ter retornado para ser presidente do Departamento de Economia da Universidade de Chittagong, em Bangladesh. Ser professor, claro, é compartilhar conhecimentos com objetivo de construir um mundo melhor. Por outro lado, a cada caminhada pelas comunidades, Yunus sentia-se tomado por uma enorme frustração.

O país estava repleto de problemas sociais e ele, um economista, não conseguia através de seu ofício ajudar as pessoas que mais precisavam. Um dia, ao visitar a comunidade Jobra, nas proximidades da Universidade onde lecionava, deparou-se mais uma vez com um sério problema social com frequentes resultados violentos. As mulheres da região acumulavam dívidas e mais dívidas e como não tinham crédito nas instituições bancárias comerciais, acabam obrigadas a recorrer aos agiotas e submeter-se a juros criminosos que faziam as cifras subirem alucinadamente em poucos dias. Os escassos empréstimos que obtinham não eram suficientes para a geração de riqueza ou excedente. Poucos dias depois de conseguirem pagar parte do que deviam, já precisavam de mais dinheiro. Não é difícil imaginar que as dívidas eram cobradas com violência de todo tipo.

Yunus conhecia muito bem a realidade e não conseguia mais levar a sua vida de professor de Economia passando diariamente por aquele dilema absurdo que, talvez, pudesse ser resolvido como um problema de sala de aula. Em um dia, cansado de ouvir relatos de mulheres mantidas em trabalhos semiescravos ou que precisavam pagar parte das dívidas abrindo mão do orgulho e da própria intimidade, o professor reuniu um grupo com 42 mulheres que costumavam servir-se da agiotagem. A questão era urgente. Yunus deve ter imaginado que a sua competência romperia aquela realidade brutal. Na conversa com o grupo, pediu que elas não mais buscassem dinheiro com agiotas e descobriu que a maior necessidade do grupo era comprar matéria-prima para confecção de artesanato e, deste, garantir renda e sustento.

A dívida mudou de mãos. Demandas somadas, elas precisavam do equivalente a 27 dólares para que todo material fosse adquirido. Yunus sacou do próprio bolso e emprestou o dinheiro dividindo as mulheres em grupos chefiados, cada um, por uma das devedoras. Elas produziriam, venderiam e recolheriam o dinheiro para devolver ao professor dali a algumas semanas no mesmo local.

É possível imaginar que Yunus não esperava receber os valores de volta. Não ambicionava gerar um negócio a partir da experiência. Talvez, o empréstimo fosse apenas uma forma de ajudar ou um meio de usar a solidariedade para aplacar a frustração por ser tão habilitado e estar tão próximo do problema sem poder visualizar uma solução. No entanto, o que estava para acontecer seria surpreendente. Dias depois, as mulheres voltaram e devolveram, centavo por centavo, o que deviam a ele; nem um dia de atraso. O dinheiro justo sem juros, havia dado àquelas mulheres os meios e elas provavam o seu valor.

O economista via nascer diante dos seus olhos um fluxo benigno no qual todos começavam a ganhar. A operação foi repetida e mulheres passaram a receber valores variados para diferentes fins. A comunidade passou a abraçar o banco e ver os empréstimos seguros transformando a vida das pessoas.

Em 1983, a comunidade que operava na lógica de Yunus criava oficialmente, o Grameen Bank (Banco do Povo), onde a mecânica econômica apenas foi sendo aprimorada. Nascia o microcrédito com seu enorme potencial transformador. O sistema marcou uma nova revolução ao dar posse de suas ações aos próprios devedores, sem garantias bancárias, sem papeladas e sem juros. Tudo a partir de US$ 27. Bastava acreditar nas pessoas. A mecânica incrível do Grameen não terminava por aí... Ao adquirir um empréstimo, quem tinha uma dívida passava a ser dono de parte da instituição, o que impedia a inadimplência (em torno de 3%).[31] Hoje, são mais de 8,4 milhões de mutuários com movimentação acima de 1,5 bilhão de dólares por ano. O banco não ficou apenas na relação de crédito; passou a inovar em suas ferramentas ampliando seu impacto social.

Quando o telefone celular ainda era uma novidade e estava longe de chegar às comunidades mais pobres, o Grameen Bank adquiriu aparelhos e entregou às mulheres dessas comunidades. A tarefa delas era andar com os celulares e levar para quem precisasse fazer ligações em troca de pagamento. Elas saudavam a dívida com o banco, obtinham o lucro e prestavam um importante serviço a preço justo. Os valores sempre foram adequados às condições dos potenciais clientes, e não ao desejo do fornecedor. Assim, as portadoras dos aparelhos obtinham renda como haviam feito as artesãs décadas antes.

---

31 YUNUS, Muhammad. *Criando um negócio social*. Rio de Janeiro: Elsevier/Alta Books, 2010.

Semeando a mudança

À primeira vista, resolver o problema das dívidas das mulheres da periferia, parecia uma questão econômica ou contábil. Yunus aprendeu que era bem mais do que isso. Ao dar a condição de sobrevivência digna a uma mulher, o Grameen fazia nascer uma vitória pessoal contra anos e anos de submissão, contra a desesperança e contra o medo. Mulheres desrespeitadas ganhavam o direito de ser gente e para cada uma que se levantava no meio da pobreza e da exploração, erguia-se uma família. Parecia um novo caminho e o que aquelas pessoas estavam vivenciando era, de fato, o embrião de um novo jeito de construir uma sociedade.

O sucesso do banco mais justo do mundo levava Yunus à fama e, claro, a deparar-se com novos problemas. Novos desafios que tentava resolver dentro das mesmas premissas que apoiaram as artesãs e fizeram nascer o microcrédito. Certa vez, o professor percebeu que havia um problema comum com as crianças nas comunidades pobres de Bangladesh. Elas brincavam normalmente durante o dia, mas, à noite, perdiam a visão. A doença é conhecida como cegueira noturna e ocorre pela carência de vitamina A no organismo. Uma dieta rica em vegetais seria a solução para o mal que amedrontava as famílias pobres como uma assombração. Entretanto, como dar àquelas comunidades o conhecimento de que era preciso ter alimentação mais variada? E depois disso, como dar condições para que comprassem alimentos ricos em vitaminas para promover a saúde de todos? Não seria uma tarefa simples para um banco, mesmo para um de microcrédito. Havia a necessidade de mudar a cultura das pessoas não bastando apenas emprestar dinheiro. Quem garantiria que o algum valor emprestado seria investido na compra da comida necessária para melhorar a saúde das crianças? Yunus estudou o caso e, a partir do problema, passou a desenhar uma solução. Assim, repetiria o método tão bem-sucedido com as artesãs.

Com a ajuda do Grameen Bank, foram adquiridas milhões de sementes de vegetais ricos em vitamina A. A mudança começou com algumas poucas famílias afetadas pela doença. Elas compraram um punhado de sementes por 1 centavo de Taka (moeda local) e plantaram no quintal de casa ou pela vizinhança. Em pouco tempo, cenouras, folhosas e frutas passaram ao cardápio regular dos moradores. E um detalhe: havia excedente e, algumas pessoas ainda puderam vender suas hortaliças pela região. A ideia deu certo. Cada vez mais famílias queriam plantar e colher os próprios alimentos e o Grameen Group constatava o sucesso de mais um lançamento. Em sete anos, Yunus e seus colegas aficionados por gerar impacto social transformariam o novo ramo do Grameen no maior vendedor de sementes do país com o impressionante feito de erradicar a cegueira noturna de Bangladesh.

Em poucos anos o Grameen ficaria famoso no mundo todo e Yunus viraria uma celebridade internacional, premiada com o Nobel da Paz em 2006. Foi o primeiro economista a receber a honra. O grupo de trabalho que tem como obrigação enxergar o homem como fim em si mesmo, e não como meio de promover o ganho financeiro e sem limites de outros homens, avançou muito em pouco tempo.

Esta é uma característica comum nos negócios sociais. Uma vez ajustadas as ferramentas e o funcionamento, os ganhos são incríveis e muito rápidos. Se a globalização promoveu o alastramento das finanças tradicionais e dos costumes em nível planetário, é seguro dizer que o negócio social faz o negócio tradicional parecer uma carroça em termos de alcance e potencial de multiplicação. Ficará claro mais adiante neste livro. Por hora,

87

observe que, em 1983, o Grameen Bank foi fundado oficialmente. Trinta e quatro anos depois, as empresas do grupo deram condições produtivas a mais de 470 mil pequenos agricultores na África e América do Sul; mais de 5 milhões de pessoas receberam treinamento e participam de atividades via celular em uma plataforma de atendimento de saúde para comunidades pobres em 15 países. E esses são apenas alguns dos resultados. Além disso, há outras iniciativas; algumas, voltaremos a tratar neste livro. Muhammad Yunus fundou aproximadamente 50 empresas, na maior parte, negócios sociais. Só em Bangladesh, são mais de 70 mil vilas atendidas. Segundo o Grameen Bank, 64% das pessoas que tomam empréstimos seguidos por cinco anos saem da condição de pobreza. O critério adotado pelo banco é que o correntista obtenha casa com telhado, água potável e roupas para o frio; uma abordagem sistêmica da pobreza.

> **"Quem merece crédito, afinal? Quem está dando calote? Os pobres a quem empresto dinheiro me devolvem cada centavo. Temos oito agências em Nova York, com 30 mil clientes e nenhuma inadimplência."**
>
> (Muhammad Yunus em entrevista à Revista *Trip* sobre a crise de 2008.)

Você, caro leitor, deve estar se perguntando sobre os números. De onde vem o dinheiro para manter os negócios sociais tão bem-sucedidos? Claro, fazer o bem é uma ótima causa, mas é preciso pagar as contas e remunerar quem trabalha nessas iniciativas. Mais adiante, isso ficará mais claro, mas é importante fazer uma pausa nos negócios sociais para entender um pouco da inteligência por trás do Grameen e de tantos outros empreendimentos. São princípios que sustentam o espírito teórico das

Guilherme Portanova

iniciativas e precisamos compreender agora para depois retomarmos o caminho que vínhamos seguindo.

Uma parada para alguns conceitos

Como já dissemos, os negócios sociais não nasceram de estudos feitos com o objetivo de gerar uma nova lógica econômica. Pelo contrário, nasceram da prática em que se ousou fazer diferente. Com o tempo, a metodologia de Yunus ficou clara e passou a ser muito bem-sucedida em ramos tão diversos que vão do atendimento de pré-natal em comunidades rurais ao crédito para artesanato. A partir disso, os economistas perceberam que havia um eixo comum em todas as atividades e um mesmo conceito a respeito dos problemas sociais que estavam sendo enfrentados. Era possível tratar o Grameen Bank não mais como um acidente ou ideia de um visionário. O negócio social encontrava a razão a partir da qual nascer e conteúdo para sustentar-se, inclusive, enquanto proposta de metodologia econômica.

A pobreza... pelas lentes tradicionais

Sophie estava realmente faminta. O horário do almoço já havia passado e os anos de treinamento esportivo haviam imposto uma rotina onde a alimentação não era apenas prazer, era a fonte de combustível que mantinha a máquina ligada. Com um metabolismo muito ajustado, passar da hora em que o corpo precisava de nova carga de nutrientes era o acionamento do alarme interno.

Como de costume, a jovem executiva sentava junto a uma das janelas do pequeno restaurante bem decorado que ficava ao lado do escritório. As roupas mais formais davam ar solene, mas ela era obrigada a admitir que a vida de

89

ginasta era muito mais emocionante. A carreira fora encerra-da precocemente por causa de uma lesão no joelho, mas o domínio emocional em competições de extrema exigência revelara uma capacidade de adaptação que, após o MBA, encontrou lugar no também disputado mundo corporativo.

Relaxada, depois de uma manhã tranquila, Sophie poderia aproveitar o almoço saboroso em paz. O problema é que enquanto esperava o prato, percebeu uma mãe sentada do lado de fora do restaurante com uma criança nos braços. Aquilo a incomodou. "– Uma mãe tão nova não deveria estar passando por isso." O bebê dormia nos braços apesar do calor. A mãe tinha um olhar firme, mas parecia em transe. Impossível saber se a expressão transmitia fé, determinação ou desencanto. Talvez, tudo misturado.

A última onda de refugiados chegada à Europa havia espalhado pelas ruas um contingente com o qual as sociedades ricas não estavam habituadas. "– Sabemos da pobreza espalhada pelo mundo, mas é muito diferente quando ela está assim tão perto". Sophie lembrou do comentário que ouviu em um programa matinal da televisão. Sem apagar completamente certo constrangimento, terminou o almoço, vestiu seu casaco e saiu separando algum dinheiro para entregar à mãe que permanecia do lado de fora sem fazer qualquer pedido. Parecia apenas esperar. A moça agradeceu e baixou os olhos para conferir se o que tinha seria suficiente para garantir a comida para ela e para a filha.

A pobreza paira sobre a sociedade como um fantasma que atravessa gerações. É como um efeito obrigatório ou uma pena perpétua que acompanha a humanidade que sabe produzir riquezas, mas não aprendeu a distribuir. Quanto mais ricos, quanto mais recursos, quanto mais ciência e mais religião, mais pobres nos tornamos. O homem tem se mostrado muito eficiente na arte de andar para trás fazendo de conta que anda para frente.

Temos produzido cada vez mais, inovado, avançado tecnologi-camente, mas enfrentamos tremendas dificuldades em levar a todos os efeitos de tudo isso.

As pessoas são diferentes em habilidades e capacidades. O que mudou, em especial, depois da Revolução Industrial, foi o quanto essas diferenças são marcantes e definidoras do potencial de realização da dignidade no plano prático. A possibilidade de juntar bens e acumular tornou-se obsessão e, estimulada pela indústria do consumo, a humanidade simplesmente abandonou qualquer senso de equilíbrio. Um milionário não se contenta em ter milhões e milhões que não poderá gastar ao longo de uma vida. E a sociedade atual exibe o grupo dos bilhões que não se constrangem em esbanjar dinheiro em níveis de nações. Sim, o mundo hoje tem pessoas com riquezas comparáveis ao PIB de países inteiros. A riqueza está em crescimento. O capitalismo é um sistema maravilhoso para produzir avanço e riquezas em todos os campos. Ao mesmo tempo, é terrivelmente ineficiente em distribuir o que gera entre as pessoas. A "Era do Capital"[32] e o período que ela inaugura são, também, o tempo da miséria.

Estimativas apontam que temos mais de três bilhões de pessoas sem acesso ao consumo ou a crédito suficiente para garantir a própria sobrevivência. Apesar do volume de estudos e estatísticas provando o quadro dramático que estamos cons-truindo, continuamos com alguns entendimentos tradicionais que impedem que os avanços sejam democratizados. Um destes conceitos desatualizados é o de pobreza.

Tradicionalmente, as pessoas encaram a pobreza como a condição que emerge da ausência de riqueza ou renda. Por este entendimento consagrado no senso comum, pobre é aquele que

---

32 HOBSBAWN, Eric. *A era do capital*: 1848-1875. 15. ed. São Paulo: Paz e Terra, 2009.

não tem dinheiro em quantidade suficiente para atingir a média de posses dos cidadãos em uma determinada sociedade. A classificação do senso comum ganhou até estatística. De acordo com o Banco Mundial, vivem na miséria as pessoas com renda igual ou inferior a US$ 1,90 por dia[33]. Pelo cálculo, 702 milhões de habitantes do Planeta estão em condições em que não podem nem ao menos ser considerados pobres; o equivalente a 9,6% da população total da Terra. A metodologia demonstra um problema grave. Em 2011, estavam nessa condição, 10,7% das pessoas. Comparados aos 9,6% atuais, podemos imaginar que a situação vem melhorando. Pode parecer que sim, mas não é verdade. Os números demonstram, apenas, que estatísticas servem para tudo, ainda mais quando uma questão metodológica fundamental é desconsiderada. Antes de entrar na necessária correção dos números do Banco Mundial e na sua forma de avaliar a realidade, vamos entender o conceito tradicional de pobreza em sua dimensão prática.

Naturalmente, é possível aceitar o princípio de que é pobre quem não tem dinheiro. Ainda mais quando entendemos que ao ganhar dinheiro temos a possibilidade de consumir mais e melhorar nosso padrão de vida. Esta abordagem é a mais comum e serviu muito bem à política tradicional. Para estes políticos, concentrar as ações na renda acaba sendo um caminho mais fácil para mexer nas estatísticas e conseguir marketing importante para as eleições. Uma vez que se trate a questão da pobreza como

---

33 Disponível em: <http://data.worldbank.org/topic/poverty>. Dados do Banco Mundial. Para efeitos de análise, vamos trabalhar com o termo "miséria" como sendo a condição de pobreza extrema, portanto, algo ainda dentro da pobreza. O Banco Mundial tem dados para definir também os pobres (até $ 3,00/dia), mas os valores em si são pouco relevantes. O que nos interessa para fins de análise são os conceitos e nos concentraremos nos mais baixos, como dito, miséria.

ausência de renda, um programa de transferência de dinheiro para famílias pobres é capaz de promover verdadeiros milagres.

Imagine uma pessoa que sobrevive com apenas 1,60 dólares por dia. Em um mês serão 48 dólares. Para tirar essa mesma pessoa da miséria – pelo critério atual –, basta que a renda mensal dela suba de 48 dólares para 57,30 dólares. Com menos de 10 dólares por mês, a iniciativa do governo ou alguma instituição pode começar a mudar a estatística. Bastaria que transferíssemos dinheiro das contas públicas para as pessoas mais necessitadas e estaríamos mudando muito a vida de uma multidão jamais assistida. É exatamente isso que fazem os programas de transferência de renda aplicados no Brasil – Bolsa Família, por exemplo – e em vários países atualmente.

Os números apresentados provam que com algum investimento, o contingente atingido é enorme. São milhões e milhões de cidadãos podendo ganhar um pouco mais e saindo das piores estatísticas. Não é possível que sejamos contrários aos programas de transferência de renda. Essas políticas são emergenciais e tremendamente necessárias. Há Municípios brasileiros que têm como maior fonte de riquezas a renda oriunda do Governo Federal para auxílio através do Bolsa Família. A ausência ou retirada desse tipo de apoio levaria muita gente a uma condição pior do que já está. Transferência de renda não é questão de vontade ou de bondade, é humanidade. Um estudo divulgado pela ONU mostra a importância da adoção de políticas de transferência de renda, com a redução de 17% da mortalidade infantil nas áreas beneficiadas[34]. No caso das mortes causadas por doenças ligadas à desnutrição, o impacto é ainda mais alarmante: 65%

---

34 Disponível em: <https://nacoesunidas.org/estudo-avalia-impacto-do-programa-bolsa-familia-na-reducao-da-mortalidade-infantil/>.

de redução. Impossível defender a extinção de programas com resultados tão contundentes.

Portanto, é preciso que defendamos as iniciativas de inclusão e de defesa da sobrevivência que estão nos programas de transferência de renda. Ensinando ou não ensinando a pescar, emancipando ou apenas aliviando a dor do momento, de alguma maneira são um jeito de reduzir os efeitos mortais das desigualdades.

Os maiores problemas com este tipo de abordagem não estão nos programas em si, mas na propaganda que "vende" uma ideia que não é a mais correta e no conforto que as iniciativas acabam trazendo para os governantes. Uma vez estabelecida a dinâmica das fontes de renda para os destinos escolhidos, as autoridades passam a contar com a fidelidade do eleitorado que – em casos como o Brasil – jamais foi atendido. À medida que deveria ser emergencial e de transição, torna-se perene, e a cada troca de comando da esfera pública surgem especulações sobre a eliminação dos programas. Percebe-se o quão frágeis são as políticas de assistência da população pobre e como estão vinculadas às contingências das contas da Administração. Programas tão fundamentais e que impactam na sobrevivência de crianças, por exemplo, jamais poderiam ser contingenciados a menos que houvesse a erradicação dos males geradores da pobreza e da miséria; o que está longe de acontecer.

O governo ganha prestígio com a ajuda que presta através da transferência de dinheiro aos mais pobres e, em vez de ser visto como instrumento de uma sociedade injusta e que não está empenhada na igualdade e na distribuição, passa a salvador dos mais frágeis. O diálogo honesto com a sociedade não deveria tentar transformar em ganhos eleitorais as políticas que são apenas corretivas de distorções promovidas pela coletividade (entenda-se, todos os integrantes da sociedade, e não somente governo), e não minimizadas ao longo do tempo. A necessidade de programas para transferir dinheiro e tentar reduzir a miséria é a prova do fracasso da sociedade como um todo e não um mérito a ser comemorado por quem tem a coragem de retirar um pouco do bolo orçamentário para dar a quem mais precisa.

As migalhas não são o limite de transferência. Não acredite que esse é o máximo possível e que você precisa acostumar-se à dureza da vida por ser algo natural. Não é natural e não precisamos tratar como se fosse. Não é justo ter crianças brincando no esgoto das periferias se temos, efetivamente, condições de dar oportunidades a essas crianças.

Há um outro aspecto grave na interpretação dos programas de transferência de renda. Lembra daquele dado sobre a linha da miséria? Ao depositar 10 dólares por mês na conta de pessoas pobres, todos os governos podem – a partir do exemplo que foi posto aqui – dizer que retiraram uma pessoa da condição mais degradante. O argumento simples tenta explicar uma realidade muito complexa e até convence, mas não resolve. Aumentar a renda e retirar o cidadão de uma faixa estatística nada tem de relação com a real pobreza. Vamos explicar melhor isso, a seguir, mas é fundamental que entendamos a verdadeira importância das políticas públicas e façamos um diálogo justo com a população.

Aqui cabe também o registro de um desvio de foco presente no setor produtivo. Partimos do princípio de que a pobreza é um problema do governo e ele é quem deve dar conta de corrigir o mal que todos nós produzimos (sejamos da esfera pública ou não). Ao mesmo tempo, quando os administradores públicos lançam mão de políticas para minimização dos problemas sociais, protestamos – sociedade como um todo – contra o intervencionismo e em nome da livre-iniciativa. Hipocrisia de um modelo social acostumado a discursar e muito pouco interessado em promover mudanças.

Todos são favoráveis à educação e saúde de qualidade, mas a partir do momento em que surge uma iniciativa que não joga serviços nas mãos de agentes privados interessados em comercializar tudo que for possível, temos um governo acusado de ser grande demais e volta o discurso sobre ineficiência, tamanho exagerado do Estado etc. Precisamos tomar uma vacina contra a hipocrisia e contra o discurso falso do livre mercado. Combater a pobreza não é tarefa única dos governos e há um dado muito simples que sustenta esta tese. De acordo com o economista indiano C. K. Prahalad, 80% da população mundial passa algum tipo de necessidade e precisa de solução. Os governos somados não detêm 80% do capital do Planeta para investir nas populações. Só este dado já é suficiente para que repensemos o princípio de que a pobreza é tarefa do Estado e que o capital privado tem o direito de guardar o que gera sem compartilhar o que fatura.

Agora, sim... a pobreza!

Jurema cuidava de 5 crianças. Dois netos e três filhos da vizinha. Todos esperavam o retorno dos pais depois de um longo dia de trabalho e algumas horas de transporte na volta para casa. Não trabalhava formalmente, mas recebia apoio mensal de um programa do governo. A vida era dura sempre com muita coisa para fazer e com a criançada correndo pela pequena casa. Ali em Águas Lindas, Estado de Goiás, muitas pessoas diziam que as coisas melhoraram depois da chegada do dinheiro do auxílio distribuído pela prefeitura e pelo governo do Estado.

Ao fazer força para lavar a roupa no tanque, pensava que não faltava apenas dinheiro. Jurema não encontrava palavras, mas sentia como um dor no peito por não conseguir nem imaginar como seria uma vida melhor. A bolsa-auxílio trazia um pouco mais de comida e a fome estava no passado, mas a casa era a mesma e ela sentia ainda mais dores no corpo do que quando mais jovem. Já havia desistido de ir ao médico, pois era difícil conseguir uma consulta e, quando conseguia, esperava horas para em 5 minutos receber a mesma receita médica indicada por um médico que mal havia lhe olhado diretamente no rosto. Além disso, tinha o transporte desconfortável e demorado até o posto de saúde, caso não quisesse caminhar mais de 30 minutos pelas ruas de terra da cidade.

Passando dos 50, mas com expressão 10 anos mais carregada, Jurema não desejava muito. A vida parecia uma repetida espera por algo que nunca viria e que ela nem mesmo saberia explicar. O jeito era viver pelas crianças. Alheias às dificuldades do futuro, elas ainda podiam rir e se divertir.

O dinheiro é um meio para comprar conforto e adquirir bens que fazem a diferença, constituem a acumulação e o *status* em uma sociedade marcada pelo consumo. Ouvimos desde cedo que precisamos ser cuidadosos com dinheiro e que precisamos poupar o que for possível para que possamos planejar a vida futura. Nem todos aprendem corretamente ou executam como mandam os manuais de finanças pessoais, mas o importante é que a lição é sempre a mesma: poupar dinheiro hoje para poder ter amanhã. É algo como dogma religioso de privar-se de tudo hoje para poder ganhar o direito de algo no além. Nada contra ser previdente ou zelar pelo que se tem. Poder planejar é um grande começo para qualquer que seja a tarefa futura. O problema é que poupar significa transferir bens para instituições que cobram caro para guardar patrimônio e fazem mais lucro do que você usando o seu dinheiro. Não pretendo discutir a fundo os princípios econômicos do sistema atual. Quero voltar à questão da pobreza. Falamos de quem não tem o que poupar e mesmo assim é bombardeado diariamente com a propaganda sobre a importância de guardar dinheiro. Criou-se uma divisão moral em relação ao dinheiro de maneira que poupar é quase uma questão de caráter. Quem pode, recebe os méritos, quem não pode e não faz o dever de casa é avaliado como perdedor, numa dinâmica social que coloca o dinheiro – mais uma vez – como balizador das relações entre as pessoas. Ele está no centro.

Pobreza não é apenas falta de dinheiro. Lembre de nossa simulação sobre a pessoa que vive com o equivalente a US$ 1,60 por dia e está, segundo as medições do Banco Mundial, abaixo da linha da pobreza. Anteriormente, simulamos um acréscimo de US$ 10 na renda mensal e foi o suficiente para colocar aquela pessoa hipotética fora das estatísticas mais duras. Mérito para o governo que teria se livrado do peso de um pobre em seus balanços sociais. Estatisticamente falando, tudo correto com a conta.

O problema é que a vida não pode ser resumida ou simplificada pela estatística ainda mais quando as circunstâncias que envolvem as condições das pessoas são tão complexas. Nosso personagem sem nome que passou a ganhar US$ 10 a mais por mês saiu da extrema pobreza pelos dados oficiais, mas a situação mudou radicalmente em sua vida? O local onde mora continua sem saneamento, a casa na favela – se é que ele possui uma casa – ainda está sujeita à chuva, a comida ainda é escassa, ele permanece sem atendimento de saúde, educação, sem transporte e fora de qualquer possibilidade de planejar desenvolvimento pessoal seja através de estudo ou de lazer. Portanto, o aumento financeiro que recebeu pode dar alguma ajuda, mas não é o suficiente para que ele possa adquirir os bens e serviços que o colocariam em melhor situação social de fato. Com US$ 10 a mais no bolso, ele pode comprar mais comida ao longo do mês, mas continuará sem atendimento na rede de saúde pública e não poderá pagar médico particular ou uma escola para os filhos. Sair da estatística não significa sair da miséria ou da pobreza.

Esse raciocínio rendeu ao economista indiano, Amartya Sen o Prêmio Nobel de Economia em 1998. Para Sen, a riqueza de um país está diretamente ligada à sua capacidade de dar direito aos seus cidadãos de escolher e conquistar cidadania. Neste sentido, a ausência de renda é apenas um dos aspectos que compõem a pobreza. Ser pobre é estar privado da capacidade de realizar um projeto de vida digna em diversos aspectos. Uma família pode ter renda acima dos níveis estatísticos da miséria ou até fazer parte de alguma classe longe das condições mais carentes, mas se não contar com condições adequadas, está submetida à pobreza. A interpretação do economista é mais complexa e realista do que a noção tradicional que vincula o nível social apenas à quantidade de dinheiro disponível.

Não contar com atendimento médico, saneamento adequado, rede de ensino eficiente, transporte e condições dignas de trabalho seriam – cada um deles – potenciais empobrecedores das pessoas, a menos que o aumento de renda fosse suficiente para que tais carências pudessem ser adquiridas financeiramente. Sabemos que a amplitude dos programas de transferência de renda não é tão grande. O movimento estatístico de saída das piores condições não chega a propiciar a aquisição dos serviços importantes para transformar a vida de fato. Por isso, os programas de transferência de renda do Poder Público para as populações mais pobres devem ser encarados como medida necessária e emergencial, mas não como uma revolução efetiva.

> **"Pobreza não é baixa renda, é privação de capacidades básicas que pode refletir em morte prematura, subnutrição significativa, morbidade persistente e analfabetismo. Desemprego não é meramente uma deficiência de renda que pode ser compensada por transferência do Estado (com efeitos danosos); é também uma fonte de efeitos debilitadores muito abrangentes sobre a liberdade, a iniciativa e as habilidades dos indivíduos."**
>
> (Amartya Sen)

Em *Desenvolvimento como liberdade*[35], Amartya Sen toca no ponto central do efeito dos problemas sociais sobre a vida das pessoas. Não possuir condições para realizar um projeto digno de vida (ou de, ao menos, ter condições de pensar em um projeto de vida) é condição limitante. Geramos diariamente incapacidades coletivas em camadas gigantes da população mundial; pessoas que vivem apenas esperando pelo dia seguinte sem qualquer chance de evolução ou planejamento do que pode ser ou tornar-se no futuro.

Aceitamos que pessoas sejam como ferramentas funcionais instaladas na máquina do mercado sem que interesse à sociedade qualquer providência para que essas "peças" possam pensar ou sentir como nós exigimos que seja o mínimo disponível em nossas vidas. Como é possível que proibamos aos demais

---

 35 SEN, Amartya. *Desenvolvimento como liberdade*. São Paulo: Companhia de Bolso, 2010.

o que exigimos como nosso direito básico? Agimos como se a privação e a incapacitação fossem resultados indesejáveis, mas naturais de uma esfera de competição onde vivemos. A questão central é que na esmagadora maioria dos casos, a sentença condenatória é prévia. Com raríssimas exceções, as pessoas que nascem mal não conseguem reverter as razões de sua origem pobre. Só isso já invalida por completo o discurso da meritocracia. Quem não tem escolha, não pode optar pelo caminho do bem e do progresso. Por sinal, abre-se aqui uma possibilidade de debate sobre o que é, de fato, o bem. As camadas dominantes da sociedade do capital diriam que o caminho do bem e do mérito é trabalhar duro (para realizar o lucro de alguém), dedicar-se de corpo e alma incondicionalmente, ter poucos filhos ou não tê-los para minimizar a condição de pobreza. Esta mesma classe não recusará elogios nos programas de TV para as virtudes da obediência ao sistema.

Não importa que as regras do modelo atual sejam desastrosas para a maioria das pessoas e fabriquem crescentes pelotões de presidiários que não tiveram a mesma disciplina e obediência. Não se trata de apologia ou justificação dos delitos. Estamos falando de justiça e, como sabemos, **justiça** tem um conceito bem mais amplo do que **lei**. Em muitos países com grande nível de desigualdade ou com muitos pobres, a lei foi transformada em remédio para a ausência de justiça. Onde faltou a humanidade, aplica-se a dura letra da lei, muitas vezes contra quem não teve ou não conheceu caminho legal justo. Somos muito bons em culpar e punir as vítimas.

Voltando ao conceito de privação, é visível a atualidade dos princípios de Amartya Sen. Trabalhando diariamente em longas jornadas e com horas perdidas no insano sistema de transportes, os mais pobres não conseguem nada além de manterem-se vivos. Improvável usar qualquer recurso pessoal para sair da condição de carência, mesmo que as estatísticas mudem ou movam-se empurrando a linda da miséria para cima ou para baixo; engolfando mais ou menos pessoas. Entenda-se, os programas de auxílio como os de transferência de renda são eficientes para amenizar a dor diária e a penúria de quem sempre tem mais dias no calendário do que permitiria o orçamento. Entretanto, as questões estatísticas e os ganhos de marketing passam longe das pessoas que mais precisam.

> **"Privação <u>relativa</u> de renda pode resultar em privação <u>absoluta</u> de capacidades."**
>
> (Amartya Sen)

A renda pode e tem efeito importante sobre a pobreza, mas para fazer a diferença e "retirar as pessoas da pobreza", como alardeiam os governos mundo afora, é preciso realizar bem mais do que reduzir a fome. É possível dizer que a pobreza pode estar subdimensionada mesmo nos países centrais. Os pobres em países ricos têm renda maior do que níveis da miséria do Banco Mundial, mas são privados de capacidades básicas como em países da periferia; mesmo com rendas diferentes, acabam iguais em privações relativas.

Por isso, os negros nos Estados Unidos têm mortalidade precoce maior do que em países pobres (dados de Amartya Sen). Precisamos entender o conceito e pensar em pobreza como a incapacidade gerada por condições estruturais e não apenas por números que relevam uma linha fria e resultante de cálculos e mais cálculos econômicos.

Para pensarmos em transformar a sociedade e dar à humanidade condições mais justas, é fundamental que entendamos a pobreza pelas lentes que marcam a obra de Amartya Sen. O negócio social só pode ser entendido como instrumento para atacar a pobreza se a compreendermos em seu sentido mais abrangente. Isso vale para qualquer ramo de atividade do negócio social, até mesmo para aqueles que nascem para combater a pobreza distribuindo renda na periferia. Mesmo estes não podem considerar pobre somente aquele que está sem dinheiro. A luta deve ser para melhorar a situação como um todo.

Há uma importante diferença entre transferir dinheiro para provocar um salvamento e gerar uma dinâmica de criação de valor na qual a renda será o resultado final da sustentabilidade econômica do negócio. Não devemos negar a existência da pobreza. Devemos criar meios para que ela desapareça, gerando riqueza a partir da solução de problemas que afetam as camadas mais carentes. O desenvolvimento de negócios nas favelas, por exemplo, aumenta os valores que circulam onde não havia recursos financeiros e ao conseguir reter valores, é possível verificar um aumento do poder de compra e consequente acesso aos serviços e produtos antes inexistentes. Podemos transformar a realidade local com soluções ousadas e ao mesmo tempo simples, mas desde que sejamos realistas. Estamos observando mudanças importantes nas camadas mais pobres que são atendidas por negócios sociais. Há razões suficientes para acreditar que esse movimento tende a aumentar constantemente nos próximos anos. A mudança já começou.

O ritmo da pressa era marcado pelo barulho do salto do sapato batendo na calçada, mas isso não era incômodo. Ruim mesmo, era a costura do couro que a cada passo ampliava o machucado que provocaria uma bolha no pé direito. Sophie estava mais acostumada aos tênis com amortecimento nas solas confortáveis. Não era hora para reclamar. Ela precisava voltar rápido para uma reunião depois do almoço e lutar contra a ansiedade que emergia de um estranho sentimento de culpa. Aquela mãe com a criança de colo estaria lá ao lado do restaurante novamente? A executiva poderia tentar não dar importância, mas era inevitável. Algo dentro dela dizia que as esmolas não eram o remédio para curar a pobreza e nem eram o máximo que ela tinha a fazer.

A mensagem por e-mail que recebeu de um amigo no dia anterior também latejava em suas têmporas como uma convocação. Era preciso fazer mais! Uma gota de suor surgiu na nuca. Em instantes ela estaria no restaurante... e a proposta não parava de voltar em meio aos pensamentos como um tormento.

Sophie gostava do trabalho, o salário era bom e o progresso na empresa era questão de tempo. Tudo perfeito, a não ser a falta de alguma coisa que não sabia definir. Havia algo dentro dela que não estava em desenvolvimento e parecia que a mensagem inesperada despertava um desejo adormecido e que decidira despertar. Era mais forte que a razão fria filha da prudência.

Pronto... chegou ao restaurante. Ao lado, estava o cobertor e uma caixa de papelão que um dia embalou uma geladeira e agora devia ter virado o apartamento de alguém. A mãe e a menina não estavam. Roupas e panos ficaram, mas para aonde elas teriam ido? Sophie parou para observar o local sem chegar muito perto. O coração apertado indicava que talvez o e-mail precisasse de resposta. Seria a forma de conectar-se às vidas de muitas pessoas? Era hora de comer e retornar para a reunião que poderia ser a última.

A base da pirâmide

O mercado tradicional e a economia montada sobre a produção, consumo e acumulação estão muito consolidados na mente da população. As pessoas acreditam que a maneira como vivemos e como estruturamos a sociedade formam o único caminho possível e desejável mesmo com todos os problemas decorrentes das coisas como estão. É curioso como a cada nova palestra – e tenho percorrido muitos lugares divulgando os negócios sociais – as dúvidas das pessoas sejam sempre muito semelhantes. Uma das mais frequentes refere-se à capacidade dos negócios sociais em gerar sustentabilidade financeira. Natural que as pessoas fiquem confusas.

Os empresários tradicionais são peritos em reclamar das regulamentações, taxas, impostos e toda a variedade de problemas que dão a ideia de que é um desafio manter uma empresa viva. É como se ter um negócio fosse uma cruzada na qual apenas os mais fortes sobrevivem. As queixas são tão previsíveis quanto as datas do calendário. Quando o frio aumenta ou chega o verão, os agricultores queixam-se dos problemas da safra e os efeitos vão parar nos preços elevados como forma de compensação. O mesmo ocorre quando a temperatura cai e o campo sofre com a baixa nos termômetros. Quando o dólar sobe, a queixa vem da indústria que perde a possibilidade de importar insumos estrangeiros e, com isso, tem a competitividade ameaçada (os empresários omitem, nessa conjuntura, que com o dólar mais caro, é possível aumentar as exportações e elevar o faturamento). Por outro lado, a desvalorização da moeda norte-americana provoca a ira dos industriais pela perda de competitividade lá fora e a queda na renda (é a hora de esquecer que o dólar mais baixo permite a importação de insumos fundamentais para manter a competitividade).

105

Não podemos esquecer o comércio que se queixa de qualquer movimento da indústria ou da agricultura em um ambiente onde parece que nada nunca está bom. Não pretendo condenar as posturas de cada segmento e nem digo que ter um negócio seja algo fácil. Sabemos das dificuldades e da necessidade de dedicação para manter uma empresa em funcionamento. Apenas é importante entender como são os comportamentos repetidos para obtermos uma visão mais abrangente da nossa economia.

Natural a dúvida das pessoas que comparecem às minhas palestras sobre a incerteza que ronda os negócios sociais. O discurso repetitivo e já conhecido das pessoas cria a impressão de que o caminho do empreendimento é impossível. Então, como um negócio social consegue estabelecer-se financeiramente? Como é possível fazer o que a empresa tradicional está fazendo – mesmo que sob protestos – e ainda gerar impacto?

É importante entender que, juridicamente, não existe a categoria de negócio social. Ele nasce e é registrado como uma empresa tradicional, mas com objetivo de resolver problemas que as pessoas enfrentam. São companhias registradas como outras quaisquer, pagam impostos, contratam pessoas e assumem o compromisso de gerar produtos ou serviços monetizáveis, desejados pelos consumidores, pelo Estado ou por outras empresas e que resultarão em faturamento. A diferença é que o negócio social utiliza princípios que até então não foram considerados pela economia tradicional e, com todos esses princípios usados simultaneamente, ou alguns deles combinados, conseguem atingir os objetivos. Aqui, vamos falar em três estruturas básicas que podem – quando aplicáveis – ser o caminho para mudar a realidade. O primeiro deles é o conceito da economia na base da pirâmide.

Imagine uma empresa que desenvolveu um produto único e com boa aceitação pelo mercado, mas que por causa dos custos do investimento inicial e necessidade de marketing caro, chega aos consumidores por um preço salgado. Por mais que seja uma boa solução, o preço de compra pode limitar o potencial de mercado e a empresa passa a oferecer o produto para o público de alta renda. Pode ser qualquer produto, mas fica mais claro se pensarmos em alguma solução ambiental para residências como tratamento de água, aquecimento ou fornecimento de energia. Até a chegada do produto ao mercado, os consumidores viveram bem sem a inovação e mesmo que seja uma boa ideia, muitos resistirão em investir muito dinheiro para adquirir a oferta. Digamos que a empresa fez um planejamento conservador e vendeu 20 unidades no primeiro ano com um custo de 10 mil dólares (pouco importa a moeda) cada, com um lucro líquido de mil dólares por unidade. No total, seriam 20 mil dólares de lucro no ano. Agora, imagine um investimento que tivesse tido como meta reduzir os custos e vender a solução para a baixa renda, reduzindo gastos com aquecimento de água, energia ou tratamento de água. E simulemos a venda ao consumidor final por 2 mil dólares parcelados em 10 prestações. Mesmo que o lucro por venda fosse de apenas 100 dólares por venda, o preço convidativo poderia fazer a empresa vender 500 unidades? Suponhamos que fosse possível. O lucro ao final da operação seria de 50 mil dólares e o número de pessoas atendidas seria muito maior. Claro, o papel aceita tudo e talvez uma venda por esses valores não pareça realista, mas é justamente isso que está acontecendo na economia. Estamos conhecendo a base da pirâmide e o potencial é impressionante.

Afinal, o que é economia da base da pirâmide? O conceito é recente, embora o contingente gigante de pessoas fora das faixas de consumo seja antigo. Depois da virada do milênio, dois economistas em atividade nos Estados Unidos passaram a publicar estudos e a consolidar – não sem resistência dos pensadores tradicionais – a ideia de que há uma enorme parcela da humanidade com renda, muita necessidade de consumo a ser suprida e ainda negligenciada pelo mercado. Stuart Hart e C. K. Prahalad passaram a demonstrar o que era invisível para os mais ricos: há 4 bilhões de seres humanos com consumo deprimido ou sem consumo e que podem virar um imenso mercado consumidor impulsionando empresas e negócios que prestarem atenção nas camadas mais pobres e foquem no ganho de escala. Para isso, é importante desenvolver produtos e estratégias de qualidade que atendam a este público que merece respeito e bom atendimento. Estamos falando em valores que podem chegar a US$ 5 trilhões pulverizados na periferia do sistema e que não são canalizados para negócios, segundo os autores.

Atualmente, a competição por novos clientes, as promoções, o marketing e a publicidade estão concentrados em uma faixa de renda tradicionalmente tratada como elite pela indústria e pelo comércio. A necessidade de melhorar as condições de vida e de adquirir algum conforto são molas potentes para impulsionar qualquer negócio, claro que aqueles setores que atendam necessidades básicas deverão ser os primeiros a sentir os efeitos dessa transformação.

Para facilitar a visualização e provar que a base da pirâmide está ativa e muito interessada em consumir produtos e serviços e melhorar as condições de vida, basta que pensemos no telefone celular. Há 20 anos, eram praticamente inacessíveis pelo preço cobrado por um aparelho e pelas linhas. Hoje, está consolidado nas periferias tanto quanto nos bairros mais caros. Todos utilizam celulares. Para se ter uma ideia, 98% dos catadores de lixo que percorrem as ruas do Distrito Federal, no Brasil, possuem smartphone. O dado foi revelado pela Diretora-Presidente do Serviço de Limpeza Urbana, Kátia Campos.

Inicialmente, os celulares eram produtos elitizados e poderiam permanecer assim por décadas, como os relógios de marca ou roupas de grife. Por força da concorrência e na busca de mais e mais consumidores, a estratégia apontou para a base da pirâmide. Nenhuma empresa do segmento pode dispensar esta gigantesca parcela de clientes.

A necessidade do uso dos celulares na base da pirâmide foi validada, desde os primeiros anos de comercialização dos aparelhos. Em Bangladesh, a Grameen Phone entregou aparelhos para mulheres que percorriam a periferia alugando celulares para ligações curtas, pagas a preço acessível para quem precisasse de comunicação e não possuísse recursos para ter a própria linha com aparelho. Foi uma importante fonte de renda para aquelas mulheres e um negócio lucrativo que ajudou a testar a aceitação da tecnologia na base da pirâmide.

A chegada dos celulares à população mais pobre pode ter sido acidental ou fruto da necessidade das pessoas por comunicação e das empresas por faturamento. Estrategicamente falando, quando houver uma decisão por entrar no mercado das populações da periferia é importante ter em mente que não basta usar as mesmas estratégias tradicionais de marketing e publicidade. Uma pesquisa divulgada pela Social Chorus[36] mostra que 76% dos consumidores simplesmente não acreditam no que diz

---

36 Social Chorus é uma agência de soluções de comunicação localizada na Califórnia.

a publicidade. O número é quase de 100% quando falamos da Geração Y (composta por pessoas nascidas depois de 1980).

O mercado da base da pirâmide exige diversas mudanças importantes por parte dos fabricantes. Uma delas é o preço. Preço não pode ser mais um atributo do produto ou da necessidade de lucro do fabricante. Da mesma forma, não podemos pensar em longas cadeias de produção, distribuição, marketing e embutir tudo no valor que será pago pelo cliente. O preço na base da pirâmide passa a ser algo pouco além do custo, com lucro baixo por unidade e capacidade de elevar os ganhos pela escala comercializada. Em boa parte dos casos – em especial, no negócio social – o preço será aquele que o consumidor estiver disposto a pagar.

Quando falamos na base da pirâmide e em seu potencial de consumo e necessidades, não estamos concentrando atenções exclusivamente no negócio social. Como falamos anteriormente, os celulares se popularizaram na periferia por empresas que nada têm de social, como os fabricantes de aparelhos e as operadoras do serviço. A base está disponível para qualquer tipo de negócio. No entanto, é lá entre os cidadãos mais pobres e mais limitados em suas capacidades que é mais urgente a criação de negócios sociais para gerar vendas, valor e soluções melhorando a vida das pessoas. A urgência por soluções e a necessidade por negócios é que fazem do negócio social uma modalidade perfeita para as periferias. Além disso, o objetivo original dos empreendedores sociais permite o encaixe natural do modelo onde a população é mais pobre. Já temos visto exemplos de convivência e até de concorrência entre negócios tradicionais e sociais na periferia. É importante que nos acostumemos com essa heterogeneidade de atores nas camadas mais pobres; governo, ONGs, negócios tradicionais e sociais, todos simultaneamente.

A estratégia para atender e vender para a população que vive na base da pirâmide deve ser específica para o segmento e depende de qualidade e respeito aos consumidores. Mesmo com renda mais baixa, esta população é exigente e busca qualidade e eficiência. Não estamos falando em artigos de luxo, mas com qualidade. Não é a melhor embalagem e sofisticação no marketing, é produto eficiente. Além disso, é importante derrubar preços e aproveitar a concentração propiciada pelos meios urbanos para reduzir os custos da cadeia e chegar aos clientes com preço adequado. As oportunidades estão aí há muito tempo e agora parece que os negócios estão aparecendo como nunca. Temos uma sessão mais adiante só com exemplos que vão surpreender o leitor pela engenhosidade e como estão se consolidando financeiramente onde a lógica tradicional jamais imaginou ser possível.

Lembra da segunda-feira em que o vendedor de balas entrou no ônibus pedindo contribuições em troca de pacotes de balas? Lembra que as doações eram livres e ele insistia em dizer que a casa de recuperação de dependentes químicos não tinha fins lucrativos e estava ameaçada de fechar as portas? Seria um prejuízo enorme para as pessoas atendidas e para potenciais futuros pacientes caso isto acontecesse. Iniciativas como as casas de recuperação são importantes, pois além de resgatarem os próprios dependentes, podem ajudar na reconstrução de elos entre eles e seus familiares. Podem ser o caminho para aproximação entre maridos e esposas e oportunidade para o reencontro entre pais e filhos.

Imagine se as balas trocadas por doações dos passageiros do ônibus não tivessem sido doadas. Imagine se elas fossem fabricadas pela instituição e vendidas com preço definido em vez de contribuições espontâneas. Ou melhor: imagine se em vez de vender balas, a instituição de recuperação de dependentes químicos tivesse outros produtos e pudesse virar um negócio lucrativo, no qual os trabalhadores recebessem salários e os lucros fossem revertidos para a segurança do negócio (capital de giro, por exemplo) e para atender mais e mais pessoas com melhor estrutura.

O mercado da base da pirâmide é uma oportunidade importante para futuros negócios e para resolver problemas sociais. Aqui combinam-se perfeitamente os negócios e o desejo de resolver problemas.

Algumas empresas tradicionais já estão coletando frutos das operações na periferia. No Brasil, o modelo das Casas Bahia é emblemático com uma população enorme sendo atendida e com produtos cada vez mais parecidos aos disponíveis para faixas econômicas mais favorecidas. Na Índia, uma das empresas de telefonia passou a cobrar US$ 0,01 por minuto de ligação, ampliando muito a sua base de clientes. Os dois exemplos acima tratam de empresas tradicionais (que têm como objetivo final o lucro), mas que com suas atividades geram algum impacto e melhora na vida das pessoas. Mais adiante, daremos diversos exemplos de empresas nascidas para fazer do mundo um lugar melhor, onde o lucro é apenas o instrumento de aumento de impacto.

Vou adiantar o caso do Programa Vivenda, um negócio social que faz reformas residenciais com produtos de qualidade em casas de favelas do Brasil. O objetivo é dar dignidade a quem mora em áreas pobres, onde as pessoas muitas vezes não contam com condições de habitação adequadas. Por sinal, o negócio começou justamente com a constatação de que as moradias em favelas, geralmente, não oferecem condições dignas de vida para seus habitantes. Lembram do conceito de pobreza de Sen?

A empresa montou espécies de pacotes de material e mão de obra e está promovendo uma grande transformação na vida das pessoas. As reformas têm preço de acordo com a faixa de renda dos clientes, e não com o desejo de arrecadação da companhia ou dos acionistas. Aos poucos, a mentalidade da transformação vai contaminando as empresas tradicionais; mesmo as que nasceram para gerar lucro. A Cemex do México criou um programa de planejamento dos gastos mensais das famílias para que com maior racionalidade nas contas, elas possam somar mês a mês valores capazes de realizar sonhos como reformar a casa onde vivem ou construir cômodos como cozinhas e banheiros em melhores condições. O programa não é o único da gigante mexicana (se fosse, teríamos um negócio social clássico), mas ajudou a transformar a Cemex na maior empresa de cimento do mundo.

A chegada daqueles rapazes já nem deveria chamar a atenção de Shaira, que continuava brincando com a sua boneca. Era cedo, quase hora de sair para as ruas em busca de produtos recicláveis e a menina já estava pronta, só esperando o pai terminar de responder as perguntas.

A visita de hoje era do mesmo grupo que começara a aparecer com certa frequência sempre com papéis, caneta e um monte de dúvidas. Queriam saber o tamanho do barraco onde a família morava, quantas pessoas, quanto dinheiro, há quanto tempo estavam ali, quanto caminhavam por dia... Os pais ficaram muito desconfiados no início, mas aos poucos os jovens conquistaram a confiança e passaram a ser recebidos com simpatia. Os meninos apresentaram-se como estudantes de duas universidades de Lagos, Nigéria, que desenvolviam um programa conjunto nas áreas mais pobres.

O que mais facilitou a conversa e reduziu a resistência na vizinhança foi a total ausência de promessas. Há dois

113

meses, o grupo havia chegado aos moradores pedindo ajuda para desenvolver uma pesquisa. Nenhum dos universitários havia oferecido qualquer ajuda ou prometido resultados – embora sempre chegassem com alimentos ou roupas. Os moradores da periferia estavam cansados de planos de mudança e de projetos que seriam a salvação e que não duravam mais do que algumas semanas até que os salvadores conseguissem os ganhos políticos pretendidos.

Essa turma era diferente. Não falava em nome de políticos ou representantes. Queria apenas informações. Anotava, anotava e ia embora sem data certa para voltar. Sempre voltava e sem aviso, atrasava a saída dos catadores para as ruas.

Shaira gostava das visitas. Percebia que perder tempo na hora de sair não incomodava tanto o pai, que gostava de conversar e ser ouvido. Além do mais, Daren estava cansado de tanto caminhar puxando o carrinho de metal cheio de papelão, plástico e madeira. Era muito esforço para pouco resultado. Talvez por isso, quando aqueles rapazes de camisetas da faculdade chegavam, Shaira via o pai tentando esconder um sorriso tímido antes de começar a conversa. Ter alguém de fora da favela interessado em saber o que acontecia e as histórias que nunca saiam da periferia era como ter novos amigos. Ninguém esperava mudar de vida, embora os alimentos doados fizessem uma boa diferença. Daren valorizava tudo isso e a filha, observadora, percebia.

A educação recebida por Shaira e seus irmãos era bastante rígida. A menina era a mais velha e sempre ouvia os pais com atenção. Com pouco de material para dividir entre os três filhos, os pais compensavam com muito trabalho, amor e lições diárias sobre responsabilidade e sobre desapego. Shaira já sabia repetir palavra por palavra as aulas que recebia dos adultos todos os dias... "Uma pessoa não é o que pode contar e nem o que consegue carregar com a força dos braços e das pernas, minha filha... Uma pessoa vale pelo que é e pelo que pode dividir com os outros."

Os filhos cresciam sob a vigilância e atenção dos pais e tinham impressão de que possuíam muito mais do que boa parte das pessoas que viviam na parte rica da cidade. Aquela impressão ainda não era consciente, mas uma sensação que só seria elaborada racionalmente anos mais tarde.

Preço

Seguindo nosso caminho por alguns dos conceitos que ajudam no desenvolvimento dos negócios sociais, chegamos ao que tem mais fácil compreensão. O preço pode ser um poderoso instrumento de justiça social, mas é preciso que façamos a ressignificação do seu conceito. Atualmente, entendemos o valor a ser pago por um produto ou serviço como um atributo do próprio bem que está sendo adquirido. É como se em uma barra de chocolate, o preço fosse tão característico quanto o cacau presente da fórmula. Um fabricante pode adicionar mais ou menos cacau, mas ainda terá chocolate. É automático pensarmos no preço da mesma forma. Um carro tem preço assim como tem rodas. O valor da etiqueta é percebido como característica natural e integrante de um item a ser adquirido. Mais do que isso, seria o componente final do produto que resulta da soma de todos os demais atributos. Simplificando: a composição do preço seria a soma dos custos do processo produtivo, da distribuição, do marketing e de toda uma cadeia; mais as características físicas que fazem do produto o que é; mais o lucro embutido para remunerar o fabricante ou prestador do serviço. A partir desta lógica, o bem possui um preço em si e qualquer redução passa a ser voluntária por parte do vendedor mediante a redução do custo em alguma parte do processo todo. O preço está dado, o que pode surgir é alguma promoção, encarecimento ou economia na cadeia. Como atributo interno, o preço passa a ser o mesmo independentemente do local de venda ou do público que terá acesso à compra. Até aqui, tudo parece fazer sentido e, segundo a dinâmica comercial atual, faz. Para os negócios sociais, talvez esta seja a primeira e mais urgente revolução prática a ser implementada.

O negócio social surge como instrumento para fazer justiça social. A missão é equilibrar as forças da sociedade através da atividade econômica para que mais pessoas recebam bens e serviços e outras tantas ganhem com empregos e benefícios oriundos da geração de valor da própria atividade. A soma deve resultar no ganho para todos, mas como é possível realizar a tarefa de resolver problemas sociais nas camadas mais pobres usando as mesmas ferramentas do negócio tradicional? Historicamente, o preço é um dos problemas para a democratização dos produtos e serviços; um limitador do acesso. O elevado preço de uma consulta em médico particular é um dos motivos para termos demanda não atendida na saúde. Isto vale para o preço pago por uma consulta em consultório privado ou para o seu custo na rede pública, pago pelo todo da sociedade. Criar redes de saúde para atender as pessoas é muito caro, ainda mais quando não se pode cobrar por elas diretamente e quando os profissionais de saúde têm a oportunidade de ganhar mais no setor privado. A concorrência e as más condições de trabalho no sistema público levam recursos humanos para a rede particular. Criou-se um contexto no qual a enorme demanda por atendimento médico na base da pirâmide ficou desassistida.

A população que depende dos serviços cresce mais do que a capacidade que o governo tem de atender. A urgência em ajudar as pessoas pobres que morrem nas filas fez surgir alternativas muito interessantes e rentáveis nas periferias ou a elas dedicadas. Como em diversos outros segmentos, era a oportunidade escondida que ninguém vinha abordando pela visão de negócio. Um caso de sucesso é o Doutor Já, criado no Brasil. Médicos de diversas especialidades e regiões do país cadastram-se na base de dados da empresa e seus perfis estão disponíveis em uma página na internet. Lá, os interessados encontram os horários de atendimento nos consultórios. Os pacientes que precisam de consultas, também preenchem um cadastro e aproveitam as vagas disponíveis. Os preços cobrados estão bem abaixo do praticado pelo mercado privado tradicional. O teto é de R$ 159,00. Até o momento da edição deste livro, mais de 6 mil profissionais estavam cadastrados e disponíveis para agendamentos; uma enorme clínica virtual de baixo investimento. Não foi necessário construir um prédio, instalar equipamentos, movimentar licenças e autorizações. O único esforço foi a mobilização por um propósito e construção do site na internet e um aplicativo. Nada mais. Todo o trabalho será realizado em clínicas e estruturas já existentes e, em algum nível, ociosas. Claro que o negócio criado parte de uma nova lógica de preços. Nem sabemos se será possível atender a base da pirâmide. Um pagamento de R$ 159,00 reais é alto para a camada mais pobre, mas é importante destacar que este valor é o teto. Nada impede que o preço seja mais baixo ou parcelado para atender uma comunidade bem maior. Além disso, nem todo negócio social precisa estar necessariamente na camada mais baixa da população. Uma empresa com este espírito precisa apenas nascer para resolver um problema social.

O preço alto faz com que os moradores da periferia fiquem, também, sem possibilidade de receber educação de qualidade. Em Brasília, capital do Brasil, há uma média de 8 mil licenças médicas por ano de professores que enfrentam problemas de saúde e precisam sair de sala de aula. A evasão dos estudantes é um problema sério no país inteiro. Em contrapartida, estão surgindo diversas iniciativas de reforço escolar para baixa renda com valores compatíveis com os recursos financeiros das famílias da periferia. Nem entraremos em exemplos, mas serve para ilustrar que o preço é fundamentalmente um fator que reduz o acesso e, consequentemente um potencial inibidor de capacidades das pessoas da periferia.

Os negócios sociais, as ONGs e os negócios tradicionais que queiram gerar impacto social precisam elaborar um novo conceito para os seus preços. Obviamente, para dar acesso a pessoas com baixa renda e reduzir a limitação de suas capacidades, é importante oferecer valores acessíveis. O método pode variar de uma iniciativa para outra, mas o fundamental é oferecer produto de qualidade com preço realista. Para conseguir fechar a equação, algumas empresas baratearam processos, outras simplificaram o marketing ou componentes como embalagens, outras conseguiram manter-se lucrando com menor ganho por unidade e ampliando muito a escala atingida – como os celulares da Índia. A estratégia vai variar conforme o segmento, a região, o público potencial como cliente e diversos outros fatores.

Há casos de quem inventou um novo produto ou serviço e conseguiu atender com menores custos e reverter o benefício para os valores finais pagos pelo consumidor. Foi o caso do Grameenphone, no qual, percebendo a dificuldade de comunicações na periferia, mulheres passaram a circular com telefones celulares obtidos com financiamento do Grameen Bank (tudo sem juros) e geraram renda a partir do aluguel dos serviços a preços populares. O fator fundamental é inovar e criar as condições para que as pessoas da base da pirâmide possam ter acesso a produtos e serviços que melhorem as suas vidas. Simplesmente doar aparelhos de telefone (para ficar no exemplo anterior), poderia ter sido eficaz, mas financeiramente não seria sustentável e poderia ser de pequeno alcance. Muita gente ficaria de fora do negócio e, talvez não tivesse condições de pagar valores mensais por uma linha própria. O aluguel serviu, naquele momento, para dar acesso a preço baixo e gerar valor nas vilas pobres de Bangladesh. Gerou-se negócio, promoveu-se o acesso e surgiu algo financeiramente viável.

Com o tempo, o aluguel de celulares perdeu o sentido. Ficou mais barato adquirir o próprio aparelho, mas a Grameenphone não perdeu seu negócio. Hoje, vende aparelhos, planos, pacotes de recarga na base da pirâmide, mantém os clientes com acesso ao serviço e sustenta sua lógica de preços que faz sentido para quem consome e não para quem tem como objetivo a acumulação dos lucros. E vem dando resultado financeiro positivo, inclusive para a empresa. Nascida da crença de que dar acesso às comunicações é uma forma de fortalecer as pessoas, a Grameenphone fechou 2016 com mais de 58 milhões de assinantes, 24,5 milhões de usuários de dados móveis, 357 mil pontos de vendas em Bangladesh, 90% de cobertura sobre o território de Bangladesh e cobertura da tecnologia 3G chegando a 99,5% da população. Perceba que o objetivo é gerar o impacto social e para isso, criou-se um negócio lucrativo e em funcionamento há 20 anos com diversos prêmios de excelência. O preço, claro, foi um dos atributos iniciais da estratégia muito bem-sucedida para criar valor na base da pirâmide.

É fundamental que percebamos que não basta mudar o preço. O impacto social não nasce do redirecionamento de produtos tradicionais para a periferia com a simples troca da etiqueta do valor a ser pago. Isto até poderia funcionar para o consumidor que deseja comprar algo que atualmente está sendo vendido nas faixas mais elevadas de renda, mas provavelmente, como estratégia de negócios não teria sucesso ou, pelo menos, seria muito arriscado.

Produtos e serviços devem ser pensados para as condições do público que vive e consome na base da pirâmide. Talvez, o argumento por algo específico destinado à base pareça apenas uma imagem figurada, mas não é. A Grameenphone não criou celulares diferentes dos que vinham sendo vendidos nas lojas de Bangladesh. Os aparelhos eram os convencionais dos mais baratos aos mais sofisticados. A diferença é que o aparelho era apenas um dos componentes do negócio. Ao criar um serviço de aluguel barato por minuto, a empresa demonstra que compreende que pagar pela compra de um aparelho e pela assinatura de planos mensais ou recargas muito caras estava fora das possibilidades do público que pretendia impactar. Posteriormente, quando o aluguel perdeu o sentido, vieram os planos populares e a estrutura de serviços, como o programa de fidelidade dos assinantes.

Definitivamente na base da pirâmide, o preço não é mais um atributo dos produtos ou serviços. É o resultado do acordo para o desenvolvimento de negócio... uma parceria. O preço depende do quanto é possível pagar a fim de verdadeiramente gerar valor. Aqui entra um novo conceito muito valioso para os empreendedores sociais. Não podemos pensar em vender produtos ou prestar um serviço. A mente do impacto social exige que foquemos na solução de problemas; devolver o que for possível das capacidades que estão sendo deprimidas pela economia tradicional. Um empreendedor com este espírito não investirá em um produto que possa ter larga aceitação apenas para aproveitar uma oportunidade de ganho financeiro, como seria a regra de um desapegado comércio tradicional. Tudo começa com a observação de um problema.

Quando uma pessoa precisa de algo e não consegue obter pela insuficiência de renda e de infraestrutura, temos um potencial para negócios. Maior ainda se a limitação de um for a carência de muitos. Entretanto, não estamos falando de dinheiro, vendas ou mercado. Estamos falando de gente e se o problema existe, precisamos usar nossas capacidades criativas para levar as soluções até onde essas pessoas estão. O preço justo é uma parte da estratégia. É um imperativo que precisa ser imposto ao modelo de negócios.

Apesar da nossa criatividade, há casos em que não é possível chegar à periferia com preço competitivo. Há segmentos necessários na base da pirâmide que têm custos muito elevados para quem produz. Como dito, negócios sociais não são filantropia, são negócios. Não é possível manter uma operação deficitária apenas para resolver problemas das pessoas e ainda tratarmos a iniciativa como empresa. Seria o papel da filantropia que opera sem obter lucro e financeiramente não sustentável. Os negócios não são assim. Precisam dar lucro ou, no mínimo, não ter prejuízo. Voltamos ao ponto. O que fazer quando os custos de produção são tão elevados que o produto chega à base da pirâmide com valores incompatíveis com a capacidade de pagamentos dos clientes?

Mais adiante faremos um exercício para pensar esta questão passo a passo e começar a desenvolver um raciocínio para o impacto social. Vamos simular a construção de um negócio social a partir de um problema e de uma ideia de solução (capítulo 8). 121

Por enquanto, vamos conhecer mais um mecanismo que tem sido fundamental no desenvolvimento de soluções para negócios sociais.

Subsídios cruzados

Nem todos os problemas podem ser solucionados a partir da formulação de um negócio. Produtos e serviços podem mostrar-se inviáveis a preços adequados para determinada faixa da população. Em geral, é o contexto em que entra a filantropia. Arrecadar produtos ou promover o impacto a partir de doações ou subsídios com verbas assistenciais foram por muito tempo o único meio de atingir os objetivos de impacto desejados para melhorar a vida das pessoas de baixa renda. De um tempo para cá, os negócios sociais estão entrando em situações adversas com estas configurações. Mesmo onde não há como manter naturalmente o preço e o equilíbrio financeiro já há empresas assumindo o risco econômico para gerar o impacto social. Não estamos diante de um quadro de deliberada tentativa de fracasso do negócio. Muito pelo contrário. A chave para a solução do problema de sustentabilidade econômica está em um princípio que pode mostrar-se um bom balizador em termos de qualidade dos produtos ou serviços: o subsídio cruzado.

O conceito é fácil de compreender e já vem sendo praticado em outras circunstâncias, mas tem sido novo para as empresas que pretendem realizar impacto social como objetivo maior de suas atividades. Imagine o caso da Grameen Danone. Uma empresa nascida da sociedade entre o Grameen Group e a Danone, multinacional do ramo de alimentação. A parceria foi firmada para tentar resolver o problema da subnutrição e desnutrição de crianças de Bangladesh. O público-alvo está na base da pirâmide nas zonas rurais do país.

Para resolver o problema, a empresa montou uma estratégia para vender um iogurte de alto valor nutricional especialmente desenvolvido para o projeto. Enriquecido com vitaminas e demais nutrientes, apenas três potes pequenos por semana garantiriam níveis importantes para o organismo das crianças. O preço estudado para venda não era o que a empresa precisava para manter-se em funcionamento. A partir de uma pesquisa, descobriu-se que as crianças que seriam consumidoras gastavam o equivalente a 0,17 centavos de dólar para comprar balas no comércio da região. Se havia esse valor para gastar em balas, haveria para o iogurte. E foi nisso que a Grameen Danone apostou. Era necessário criar um produto a esse preço.

Nos primeiros meses, a operação foi sustentável, mas variações dos preços de produção tornaram o empreendimento insustentável. A empresa faliria. Surgiu o grande dilema: elevar o preço e retirar o produto da possibilidade de compra de muitas crianças ou a saída seria fechar as portas e deixar de atender mais gente ainda. A resposta parecia óbvia, mas a solução não era. Entre manter o preço ou continuar operando a empresa escolheu as duas impossibilidades. Mas como? Esta deve ser a pergunta que qualquer pessoa faria agora. Depois de muitos debates internos, a Grameen Danone escolheu ousar em termos de mercado. A renda na periferia das cidades de Bangladesh era bem mais elevada do que no campo – como ocorre em várias cidades. Até então, o iogurte era comercializado apenas na área rural. A empresa decidiu começar a operação nas cidades a um preço mais elevado, mas ainda justo. Resumindo: descobriu-se quanto o iogurte poderia custar na cidade e o valor justo era bem mais alto do que nas áreas afastadas.

Com a ideia, a venda de produtos a um preço "elevado" – embora comercialmente muito competitivo – em um segmento de maior renda, sustentaria a operação deficitária fora das cidades. Mais do que o equilíbrio financeiro, a Grameen Danone passava a usar preço como instrumento de justiça. Fácil perceber como o fator "preço" deixa de ser atributo interno do produto e passa a ser um ponto de contato entre o acesso a uma solução e quem precisa dela.

O subsídio cruzado é uma forma de gerar renda em uma ponta da operação para levar resultados e tornar possível a geração do impacto social. Além de gerar as vendas que podem sustentar a empresa, evitar o fechamento e o fim da atividade que melhora a vida das pessoas, o subsídio cruzado pode servir para a validação do produto. Vender onde a renda é mais alta para sustentar a operação onde for mais baixa pode ser importante para comprovar a aceitação do produto ou do serviço em níveis sociais de consumidores diferentes. No caso do iogurte, a Grameen Danone descobriu um potencial de expansão, inclusive, para a alta renda. Imagine que os consumidores aprovem o sabor e aceitem o iogurte pelo seu valor nutricional e pela bela causa da erradicação da desnutrição ou subnutrição infantil. Quanto mais pessoas comprarem, maior será o lucro e maior a possibilidade de gerar mais unidades a preços subsidiados para pessoas que precisam dos componentes da fórmula para manter a saúde. Consumidores que gostam do iogurte compram pelo hábito e ajudam mais pessoas que compram por gosto e necessidade. O fato de ter como objetivo o atendimento na base da pirâmide não implica impedimento de vender para as pessoas de renda elevada. Quanto mais lucro, maior o impacto na base da pirâmide. O fundamental é não perder esse objetivo.

Portanto, o subsídio cruzado é o método a partir do qual retiramos maiores ganhos de classes sociais que podem pagar mais a preço justo, para oferecer para quem justamente pode pagar menos. O preço não é mais absoluto ou atributo interno. É condição variável de acordo com o impacto que pretendemos causar. E não há que se questionar a justiça do processo. Um mesmo item pode ter preços diferentes sob circunstâncias variadas, pois o preço pago é relativo às condições de quem compra. Pagar 10 dólares é uma pechincha para uns e impossível para outros. Praticar o preço único e fixo pode ser uma tremenda injustiça quando o objetivo da venda é resolver problemas, embora faça sentido para o modelo que tem como objetivo apenas o lucro. Este ponto é fundamental para que entendamos o conceito de negócios sociais. Na comparação com a economia tradicional, podemos dizer que em ambos há necessidade de lucro. A diferença está onde o lucro está posicionado. No mercado, o lucro é o fim e objetivo maior. É para ele que todas as ações convergem e em nome dele qualquer coisa será realizada mesmo que custe o sacrifício das pessoas. No negócio social, o lucro existe, mas está no meio da operação; é o meio para que possa ser possível gerar o impacto social.

Uma consideração sobre o perigo do preço baixo

Já que estamos falando em preços e na importância de sua relativização, é importante uma análise rápida sobre políticas tradicionais para a baixa renda. Os políticos sempre dão importância para soluções imediatas e que aparentemente melhoram a vida das pessoas com grande potencial de propaganda. Uma destas iniciativas é a criação de restaurantes comunitários. Grandes refeitórios são construídos, equipados pelos governos e concedidos para empresas que produzem alimentação balanceada a preços populares. É comum encontrar refeições completas variando entre 1 e 3 reais – centavos de dólares – em seu preço final. Aparentemente ótima iniciativa para a população, que pode contar com comida de qualidade em valores que não seriam praticados no mercado.

Os restaurantes comunitários são estruturas enormes. Não é incomum oferecerem mais de mil refeições por dia e sempre com acompanhamento nutricional e com cardápios relacionados aos hábitos locais. Em termos de política assistencial, não há nada que se possa criticar na iniciativa. No entanto, observando com mais atenção, é possível perceber alguns problemas que podem comprometer o modelo no longo prazo. O primeiro deles é o alto custo operacional. A instalação é bastante cara, pois a estrutura é enorme, centralizada e é planejada para receber multidões todos os dias. O governo investe valores vultosos para colocar os restaurantes em funcionamento.

Em seguida, é preciso contratar ou conceder o serviço para alguma empresa privada e, como o serviço não é financeiramente sustentável, a Administração Pública precisa pagar pelo funcionamento. Todos os meses é preciso manter os repasses para não cortar o atendimento. Em Brasília, no Distrito Federal, cada refeição vendida a R$ 1,00 exige a compensação de outros R$ 5,71 pelo Poder Executivo. A conta chega a R$ 22 milhões de reais por mês ou consequentes R$ 264 milhões por ano. Os valores são enormes.

O segundo ponto importante é o efeito negativo sobre o mercado local. Ao possibilitar a venda de um almoço por

R$ 1,00, a administração concentra em uma grande empresa todo um mercado anteriormente pulverizado. Restaurantes de pequenos comerciantes não conseguem competir e o resultado é a queda na renda das pessoas que antes viviam da atividade. O restaurante comunitário tem muito mais preparo e estrutura para oferecer refeições do que um pequeno comércio de alimentos e a comida é balanceada com práticas supervisionadas, mas o investimento de dinheiro é enorme por parte do governo e a consequente perda de renda para o pequeno empresário local é muito importante. Qual seria a alternativa?

Imagine uma política diferente. Os restaurantes comunitários não são negócios sociais. A política governamental é de assistência e, portanto, não sustentável pelo negócio em si. Pense em uma alternativa ainda como política pública. Em vez de construir um restaurante enorme para milhares de refeições por dia e pagar subsídios de mais de cinco vezes o valor de venda, a dinâmica poderia ser outra.

Tudo poderia começar com o cadastramento dos restaurantes locais. Todos poderiam passar a contar com um programa de apoio do governo e de agências de desenvolvimento de negócios, como o Sebrae faz no Brasil. Cada pequeno estabelecimento poderia receber um plano de melhoramento de sua cozinha e instalações (financiado pelo banco oficial), treinamento para o processamento da comida e um apoio financeiro mensal. Em troca, cada um ficaria obrigado a colocar no cardápio, ao menos um prato a ser vendido a preço popular. O volume de refeições obrigatórias seria compatível com o tamanho da cozinha e com o número de mesas. Da mesma forma, o subsídio seria equivalente ao serviço prestado dentro da faixa de preço obrigatória. Os demais pratos e produtos seguiriam valores convencionais sem subsídio.

O controle poderia ser feito por um aplicativo ou cartão magnético, no qual os clientes e restaurantes seriam cadastrados e poderiam acompanhar volume de consumo. Os comerciantes poderiam lucrar e aprimorar seus serviços. Algo me diz que uma mecânica que aproveita capacidade instalada e a aprimora tende a ser mais eficiente e barata do que erguer um enorme espaço que mal consegue parar de pé.

Ao chegar ao trabalho, Marcos só tinha duas certezas. A primeira era de que nem as aulas de pilates estavam conseguindo reerguer a postura da coluna. Olhar para os próprios sapatos tinha se tornado um hábito que relutava em aceitar. A segunda era de que o dia de trabalho não traria nada de proveitoso. Nada era interessante no novo departamento. As conversas não traziam nada de novo ou que merecesse alguma reflexão.

Desde a perda do cargo na direção por força de uma queda de faturamento, as novas tarefas eram como o exílio dentro da estrutura da companhia. O dinheiro ganho mensalmente era bom e ele ainda tinha uma equipe para comandar, mas o brilho nos olhos havia sumido. Aos 46 anos, era preciso acordar. A atividade atual ocupava bastante tempo, mas pouco da capacidade do executivo que fazia as tarefas sem esforço e sem qualquer encanto.

Sentou-se no bar onde costumava conversar com amigos. Ficava a uma quadra da empresa e era um bom refúgio para as horas em que o ar no escritório ficava irrespirável. Aquela quarta-feira era um exemplo. Havia saído dizendo que tinha consulta médica e sentou-se no bar de frente para o ex-sócio sempre próximo nas horas de aperto.

– "Zé, preciso pular fora." José Roberto não estava surpreso.

Desde que Marcos assumiu o cargo, sabia que o casamento do idealismo do colega com o pragmatismo da empresa causaria choques. Era questão de tempo. Na adolescência eles formaram uma amizade sólida, embora tivessem personalidades muito diferentes. Marcos mantinha certa sobriedade em seus planos, e carregava alguma frustração por sempre ter sido conservador em suas decisões. Agir pelo bom senso e sempre em nome do que era "razoável" fazia do futuro executivo um potencial desperdiçado.

José exigia aventuras. A coragem para empreender fora a responsável pela abertura de um negócio de improvável sucesso há cinco anos. José Roberto havia voltado de uma viagem pela Califórnia profundamente impactado pela ideia de desenvolver os negócios dos outros. "Não preciso criar a melhor ideia ou a maior empresa. Tem gente fazendo isso. Quero construir o meio para que muitas ideias estourem no mercado. Quero ser a escada." – Dizia na época para Marcos que, em outros momentos ouviria descrente, mas o tempo investido em segurança cobrava a conta. Havia chegado o dia.

A aceleradora que surgira como uma aposta sem sentido era a pioneira no país. Tinha crescido, ganhado mercado e estava consolidada. Marcos já havia negado diversos convites do colega, mas agora soava irresistível. Inicialmente, Zé desenvolvia empresas oferecendo um pacote de serviços profissionais a quem precisasse de desenvolvimento, fosse uma ideia ainda no papel ou um negócio já em atividade. A Z+Y ia tão bem no mercado que inaugurava um departamento só para desenvolvimento de negócios de impacto social.

A frustração pela última experiência, onde a grande companhia não aceitara pagar um preço financeiro modesto para gerar avanços sociais robustos era um peso que Marcos estava pronto para deixar de carregar. O brinde entre os dois amigos, agora novamente colegas, era o início de um projeto desafiador. Marcos nem sabia muito bem como seria o trabalho ou o que faria exatamente, mas isso ainda não era o mais importante... o brilho estava de volta.

Negócio social. Lucrativo, como o mercado, ou não lucrativo, como ONG?

É importante reforçar que os negócios sociais não nascem da mesma motivação que os modelos tradicionais em atividade no mercado. A preocupação com a transformação social faz com que esta nova modalidade de empreendimento seja criada também para gerar lucro. Os lucros são fundamentais para que a iniciativa seja consolidada e possa ser independente ganhando perspectiva no tempo. Portanto, obter o lucro não é algo aceitável; é necessário.

O que muda é o que será feito do lucro obtido. Aqui entra mais uma questão importante sobre os negócios sociais: os dividendos, que são os recursos em dinheiro obtidos em determinado período de tempo após o pagamento de todos os compromissos; lucros finais da operação. No mercado tradicional, eles são distribuídos como forma de remuneração dos acionistas. Assim, é de praxe companhias gigantes cortarem gastos e investimentos para salvar o lucro enquanto demitem pessoas que dependem de salários baixos, mesmo que estes sejam fundamentais para a manutenção de famílias dos demitidos. Afinal, negócios são negócios. Para salvar os dividendos a serem distribuídos, vale o sacrifício de departamentos inteiros e de pessoas que terão dificuldade de retorno ao mercado de trabalho. Não interessa. Como dizem executivos "empresa não tem coração, tem CNPJ". Conhecemos o caso de uma empresa – entre as maiores do mundo em sua área de atuação – que demitiu profissionais que ganhavam R$ 1.000,00 mensais e ao fim do exercício anual, conseguiu distribuir aos acionistas o montante de R$ 8 bilhões. É a lógica atual e dominante. A matemática acima faz todo sentido para quem foi formado em uma estrutura na qual pessoas são meios ou ferramentas para a obtenção de metas numéricas.

Os negócios sociais – como apresentado no livro – nasceram de iniciativas empreendedoras de Muhammad Yunus que pretendiam melhorar a vida das pessoas pobres. A meta era resolver problemas de quem de alguma maneira encontrava-se privado de suas capacidades por falta de infraestrutura, assistência e renda. O grupo Grameen inaugurou uma nova forma de estruturar empresas a partir da qual, quanto mais gente atendida maior o sucesso. Depois de falar em impacto, pode ser avaliado o resultado financeiro. E, claro, este deve ser positivo sob pena de acabar com o negócio e com o seu impacto positivo na comunidade. O dinheiro é o meio. Simples assim.

Com este princípio, Yunus passa a determinar que todos os trabalhadores recebam salários – inclusive os gestores – e os valores resultantes da operação lucrativa passem a ser reinvestidos para aumentar o impacto, ou seja: mudar as condições de vida de mais gente. Está iniciada a revolução.

Voltemos à empresa que distribuiu R$ 8 bilhões entre acionistas. Caso fosse um negócio social, a companhia teria a possibilidade de despejar sobre a população todo este volume de dinheiro para aumentar o impacto. Independentemente do ramo de atuação, a chance de ampliar a atividade, a causa, o propósito seria irresistível para quem acompanhasse de fora.

Com R$ 26 bilhões de reais, o Governo Federal do Brasil conseguiu garantir o programa Bolsa Família – ajuda com transferência direta de renda – para 14 milhões de famílias que ganharam o auxílio médio de R$ 170,00 durante um ano. Imagine uma companhia pulverizando sobre a economia o que opta distribuir em termos de dividendos e acaba concentrado virando lastro

131

para especulação. Esta montanha de dinheiro, muitas vezes acaba saindo do país para contas bancárias em países estrangeiros. E se, ao fechamento de um ano, os bilionários acionistas decidissem pela transformação social? E se outras companhias experimentassem também?

A nova dimensão da responsabilidade das empresas vem ganhando adeptos de todos os portes mundo afora. Adidas, Danone e outras companhias globais estão convencidas da eficácia do novo modelo e já aventuraram-se em empreendimentos desse tipo.

Modelo norte-americano x Yunus

O modelo Yunus não é único em termos de negócios sociais. Há uma corrente nascida e bem desenvolvida nos Estados Unidos que discorda da questão dos dividendos proposta pelo economista premiado com o Nobel da Paz. Para esses empreendedores e pesquisadores, impedir a distribuição de dividendos pode ser um importante limitador do potencial dos negócios sociais. Vamos entender como.

Nem todo o negócio começa com recursos suficientes para contratar pessoas, instalar equipamentos e estrutura, capital de giro, marketing e todos os investimentos até que a operação atinja a estabilidade financeira. Por isso, é comum que a etapa inicial conte com o apoio de investidores. No modo Yunus de enxergar a economia, os dividendos – os lucros da empresa – podem servir para devolver ao longo do tempo, o dinheiro que os investidores injetaram inicialmente. E é isto. Retorno significa aqui apenas a devolução para quem apostou inicialmente. Não há que se cogitar alguma valorização, juros ou rendimentos extras, pois negócio social não pode ser espaço para a especulação e se o investidor que ver seu dinheiro crescendo por crescer, que opte pelo mercado financeiro. Assim, um parceiro que disponibilizou R$ 1 milhão para ver um negócio social nascer e mudar a vida das pessoas teria direito a receber parcelas sucessivas até que o mesmo valor fosse devolvido junto com uma dose sincera e calorosa de agradecimentos da parte das pessoas que puderam ver suas condições alteradas para melhor.

Outros defensores dos negócios sociais como meio de transformação entenderam que apenas devolver o dinheiro poderia ser um limitador da capacidade de criação ou desenvolvimento de empreendimentos. Eles fazem a seguinte pergunta: Se alguém pode ganhar mais dinheiro deixando-o em um banco, por que deixaria a grana em um negócio social? Todos querem usar estratégias de negócios para mudar o mundo para melhor. A diferença dessa visão – digamos, mais pragmática – para a de Yunus é apenas filosófica. Entre ambas há uma diferença de conceito. Yunus defende que o parceiro que, realmente, quer ver transformação, estará satisfeito em abrir mão de parte dos ganhos que viriam com a valorização oferecida pelo mercado, pois também tem o objetivo de promover o impacto social; ou seja, é alguém que já passou a medir suas realizações pelo quanto tem atingido e feito o bem.

Quem defende a distribuição de dividendos e compõe um pensamento menos ortodoxo, acredita que o potencial pode ser muito mais efetivo trazendo mesmo aqueles que estão em busca de rendimentos e uma boa dose de marketing. Pegando o exemplo anterior, podemos ver bem a diferença. Devolver R$ 1,25 milhão depois de um tempo pode ser mais atraente para quem ainda está apegado às métricas financeiras do que correr o risco da comparação em relação aos ganhos que um banco daria para o mesmo valor investido.

Filosofias à parte, entendendo as motivações das duas vertentes, podemos ter maior clareza sobre como agir quando a 133 situação concreta aparecer e os caminhos precisarem ser definidos. Ambos os modelos são válidos e sabemos que o mais ortodoxo está menos sujeito à venda de capital ou deturpação dos objetivos iniciais. Muhammad Yunus criou aproximadamente 50 empresas; a maior parte, negócios sociais. Em vários destes, tem ou chegou a ter parte do capital. As ações que detinha eram destinadas a ele apenas como forma de evitar vendas e mudanças de rumos. Um negócio social lucrativo pode ser uma grande oportunidade para quem quer aproveitar a bandeira da transformação social para depois alterar os princípios e estabelecer um negócio tradicional abandonando a causa original. Yunus sempre mostrou-se preocupado e atento a este tipo de manobra e manter-se no comando evitava qualquer escapada.

Francisco procurou o nó da gravata junto ao colarinho da camisa, mas não encontrou nada. A porta do elevador abriu e ele ouviu o alto-falante: "quarto andar." Ao tocar o colarinho aberto, olhou para o lado e percebeu que o rapaz com o qual dividia o elevador havia flagrado o movimento da mão em busca do colarinho aberto. Meio sem jeito, justificou:

– "Não estou acostumado a andar sem gravata." – Disse em português perfeito. O idioma já estava incorporado e cada vez menos misturava-se ao espanhol e ao Quéchua – aprendidos em casa com os pais e avós, em Cuzco, Peru.

A porta abriu e a maciez da palmilha ao primeiro passo era de um conforto incomum na hora de uma reunião. Natural seria a dureza do couro ou o peso do terno formal. A camisa era bonita e a calça confortável; um conjunto jovial, mas nada daquilo tinha a ver com a formalidade, o rito precedente de decisões importantes. Francisco balançou a cabeça, olhou para a frente e continuou rumo à sala de reuniões. "Um passo de cada vez..." – dizia a voz que ressoava internamente – "e sem aparentar pressa", era um dos mandamentos que aprendeu com o pai, como demonstração de calma e equilíbrio. Apesar do semblante tranquilo, estava inseguro. Depois de mais de duas décadas à frente de empresas que movimentavam muito dinheiro, o que viria a seguir não fazia muito sentido, mas era o desafio a ser vencido.

Inti – como era seu apelido em homenagem ao Deus do Trovão na mitologia Inca – já havia suportado as maiores pressões para aumentar os ganhos dos acionistas; as pessoas que mandavam no país e nos negócios. Bancos, empreiteiras sempre pagaram muito bem para que o executivo aplicasse suas técnicas para continuar aumentando rendimentos.

Agora, parecia piada. Nem acreditava na nova tarefa. A empresa que o contratara também queria ganhar dinheiro. A estratégia era levar produtos para a massa e lucrar bastante. Até aí, nada de novo. A novidade era que o peruano gerador de milhões deveria desenvolver um método eficiente para despejar todo o lucro de volta. "Quem abriria mão de dinheiro isento de impostos e que poderia cair direto na conta?" As portas da sala de reunião foram abertas e ele ficou de frente para o pequeno grupo que parecia ter optado pela insanidade.

A concorrência no negócio social

Já falamos aqui que um empreendimento do modelo Yunus nasce para ser um negócio. Também já destacamos que o objetivo é gerar impacto social. A fórmula combina o DNA da filantropia ao método dos negócios tradicionais. Então, como fica a questão da concorrência? As entidades filantrópicas não competem por clientes ou espaço de atuação. Geralmente, a necessidade por auxílio é grande e não falta demanda (*como também já vimos, somos uma grande indústria geradora de miséria e desigualdades e mantemos essa operação aplicando muito dinheiro para convencer a opinião pública de que este é o único caminho possível*)

135

e, se faltar, basta que a instituição assistencial altere um pouco seu objeto e terá mais pessoas para atender caso queira continuar em atividade – fato raro, uma vez que os problemas sociais não acabam de um dia para o outro e porque a filantropia não atua para acabar com o problema, mas para remediá-lo[37]. Por outro lado, os negócios concorrem por clientes, por espaço, crédito e tudo que for necessário para aumentar lucros ou permanecer em atividade. Ainda não é possível responder a nossa pergunta sobre a concorrência no negócio social.

A questão começa a se resolver se pensarmos na motivação para o surgimento, a causa fundamental de um negócio social. Ele é criado a partir de um problema e querendo resolvê-lo. O faturamento é uma forma de manter as atividades e o lucro é o caminho para aumentar o impacto positivo sobre a população. Uma vez que o objetivo maior é a solução de problemas sociais, não há motivo real para concorrência com outra empresa que tenha o mesmo espírito. Pelo contrário. Ao sobrepor atividades, o ideal é que os gestores dos dois negócios conversem e cooperem para que os esforços sejam somados e o impacto maior.

Evidentemente, a estratégia mais bem-sucedida de um negócio pode retirar clientes do outro, mas há formas de ação conjunta ou complementar para que cada um ataque um aspecto do mercado ou uma área de abrangência diferente. Os países que têm a desigualdade como marca costumam avançar no processo de concentração de riquezas, de forma que a população excluída de serviços básicos ou sem acesso a produtos sempre tende ao crescimento. Ao mesmo tempo, não conhecemos caso de empresa

---

37 Não se trata de uma crítica. É da natureza das instituições filantrópicas atuar para reduzir problemas ou amenizar a desigualdade. Como estas instituições não criam uma nova realidade autônoma e independente, é comum que a manutenção de seu atendimento seja como um apoio para a população pobre.

que sozinha consiga cobrir em absoluto todas as necessidades da população, ainda mais quando falamos em problemas tão variados quanto os que afetam o público que vive nas camadas sociais desfavorecidas. A base da pirâmide é fundamentalmente heterogênea. Muitas pessoas nasceram pobres e jamais tiveram qualquer oportunidade; outras chegaram a ter, mas perderam condições financeiras; sem falar no volumoso contingente de refugiados que começa a formar mais um grupo cheio de diversidades internas. Tudo isso está refletido nas demandas não atendidas.

Falando em cooperação entre negócios sociais, há um detalhe importante que não pode nos escapar. Muitas iniciativas não criam uma tecnologia ou ferramenta, apenas combinando o que já existe para gerar o impacto pretendido. É o caso das clínicas de saúde de baixo custo. Outros empreendedores apostam e desenvolvem os instrumentos que serão utilizados para o atendimento do público (observaremos isso no Hospital Aravind e no Peepoople no capítulo destinado aos exemplos de negócios sociais de sucesso).

Independentemente dos meios empregados, é quase uma regra o uso dos recursos abertos para quem quiser copiar a solução e espalhar os ganhos que determinado negócio já aplicou com sucesso. Como a medida do sucesso dos negócios sociais é o tamanho do impacto, quando uma equipe torna possível a repetição de sua experiência e consegue atingir mais comunidades, o resultado é uma profunda satisfação. Tive a oportunidade de conhecer empreendedores sociais tremendamente dispostos a doar seus conhecimentos e a ajudar na cópia ou adaptação de suas criações. O movimento sincero em nome de um mundo mais justo é contagiante e, quem experimenta, dificilmente consegue pensar a economia sem levar em conta os aspectos sociais.

A panela estava sobre a mesa e as crianças já não tinham a mesma energia. A sopa fumegava e a mais nova das três catava todo o macarrão amolecido pelo caldo que ainda tinha frango e legumes. Um belo jantar depois de uma tarde repleta de brincadeiras. Os três filhos da vizinha estavam calmos e os olhinhos caídos pareciam implorar pela cama macia.

Algo estava errado e Jurema percebia. Já passava das 21h e nada do retorno dos pais das crianças. Estava preocupada. Sem notícias e com a casa ao lado fechada, o jeito era acomodar os pequenos em sua cama e, depois de todos dormirem, deitar-se no sofá da sala. Não seria um problema. Os pais dos três meninos trabalhavam muito, mas jamais esqueciam das crianças. A mais velha tinha 9 anos. Diferença de dois anos para o do meio, que tinha três a mais que a pequena. Depois de comer, ficaram na frente da TV por meia hora antes de caírem no sono.

A mãe dos três adormecidos chegou em casa no meio da madrugada. Chorando, bateu à porta de Jurema. A solidariedade expulsou o sono e as duas foram para a cozinha. Karolayne – ou Karol, como preferia – era a mãe dos meninos. Antes de sentar-se para tomar um café, enxugou as lágrimas e foi beijar os filhos com cuidado para que não acordassem. Mal conseguia se controlar. O marido havia sofrido um mal súbito e fora levado por um colega para o hospital.

A companhia onde Elson prestava serviço era enorme. Uma multinacional da área de tecnologia. Os funcionários contavam com plano de saúde, posto médico no local e equipe de brigadistas para qualquer problema. "Tem até hora da ginástica e ajuda pra quem quer parar de beber", costumava dizer aos colegas da igreja logo depois do culto.

Infelizmente, Elson não contava com proteção alguma. Era auxiliar de limpeza da empresa terceirizada e vagava pelos corredores varrendo em silêncio sempre com o mesmo uniforme azul que o tornava diferente de quem andava à "paisana". Elson desejava muito sair da pequena empresa de serviços gerais e ser contratado pela companhia, mas era uma meta improvável. Nem lembrava da última vez que tinha saído em férias. Todos os anos, a empresa onde tinha carteira assinada e um salário de fome declarava falência. Como a companhia contratante precisava manter o atendimento, alguém dava um jeito de abrir outro CNPJ e absorvia os terceirizados, começando um novo contrato do zero. As dívidas trabalhistas iam para a justiça via sindicato contra a empresa falida e os trabalhadores nunca mais veriam o dinheiro.

Karol contou a Jurema que Elson havia saído de casa cedo para um trabalho temporário como ajudante de obras. Na saída, reclamou de dores em um dos braços, mas saiu mesmo assim. Antes do fim da tarde, ela recebia a notícia de que Elson tivera um mal súbito e fora levado desacordado para o hospital público mais próximo no centro da cidade. O posto médico na empresa estava fora do expediente e os brigadistas fizeram um primeiro atendimento, mas não tinham autorização para pedir uma ambulância, pois a empresa terceirizada não contava com a cobertura.

Ao chegar à porta do hospital, Karol esperou muito até receber informações trazidas pelo colega que socorreu seu marido. O hospital pedia paciência para a realização de exames. Elson havia sofrido um AVC e permaneceria internado em um dos corredores, pois não havia leito e dois médicos plantonistas estavam viajando sem substituição. O jeito seria esperar. Karol chorou o que podia. Faltava-lhe a companhia e a força do marido e agora faltariam meios para ficar ao lado dele no hospital até que alguma coisa fosse feita. Como ficariam as crianças e como ela conseguiria dividir o dia entre as obrigações e o desejo de estar ao lado de Elson?

5

PARA ORGANIZAR O QUE VIMOS ATÉ AQUI.

#edm_ParaOrganizar

Até agora, tratamos de uma série de conceitos. Decidi retomar os principais em uma espécie de classificação que pode ser útil como forma rápida de consulta. As diferenças entre cada forma de promover impacto social precisam ficar claras para que não apareça nenhuma confusão quando entrarmos nos casos concretos de impacto e, também, quando fizermos o nosso exercício de simulação de uma companhia. O mesmo vale para os personagens hipotéticos que temos apresentado na obra.

Filantropia – é a forma tradicional que não possuiu um método definido. Trata-se de fazer o bem doando recursos, bens ou tempo para que a situação de quem quer que passe dificuldade seja um pouco melhorada. É pontual e depende da transferência de recursos. Pode ser economicamente sustentada em caso de fundações que doam dinheiro sistematicamente, mas não são independentes economicamente. Geralmente, as atividades de auxílio não são rentáveis ou são insuficientes para manter as atividades em funcionamento. Aqui estão as fundações, ações voluntárias, associações, fundações e demais entidades assistenciais.

Negócio Social – negócio planejado, nascido e criado para resolver problemas sociais. O alvo é melhorar a vida das pessoas mesmo que o lucro obtido seja apenas para manutenção das atividades.

O meio para realizar sua tarefa é o desenvolvimento de produtos ou serviços que sejam destinados à baixa renda, sempre que possível, a um preço que possa ser pago por essa camada da população. A geração de lucro é fundamental para sobrevivência e independência da empresa, mas não é a principal componente do sucesso do empreendimento.

Pode usar cobranças diferenciadas entre seus clientes conforme a capacidade de pagamento/endividamento sob o argumento de gerar lucro onde seja possível para subsidiar a operação onde a renda é menor. Geralmente, a atividade ocorre no local onde está o público a ser impactado positivamente. Quando isto acontece, o impacto é causado no próprio ato da relação de consumo. A própria atividade é o impacto.

Gera dividendos, mas não os distribui entre os acionistas a não ser como forma de devolver – sem juros – valores investidos para início ou ampliação do negócio. Uma vez retirados os valores aportados como impulso, os dividendos passam a ser aplicados para ampliar no impacto.

Negócio de Impacto Social – é o negócio social no qual é permitido o pagamento de dividendos aos acionistas. Independentemente de investimentos financeiros iniciais, permite que a empresa pague valores sobre o lucro para os donos do negócio. Assim, o impacto tende a ser apenas o da atividade em si. Sua ampliação será a ampliação do volume de comércio ou volume de serviços.

Negócio Tradicional – empresas com objetivo de lucrar e ampliar lucros e que podem gerar impacto social, caso seja esta a decisão estratégica. Podem ser ações pontuais ou recorrentes, mas não formam o DNA da empresa. Muitas ações servem como forma de abater impostos ou melhorar a imagem da atividade ou da companhia.

A máquina do cartão passou e o pagamento foi efetuado, mas a boa notícia ficava por aí. João conseguiu pagar os livros da escola do filho e não sobrava muito. Não tinha como colocar em dia o aluguel e não saberia quando conseguiria. Nos últimos meses, o sustento vinha do dinheiro da rescisão do último emprego e do trabalho de motorista informal.

As condições do transporte em sua região abriram caminho para a nova atividade. As linhas de ônibus autorizadas pelo Poder Público não tinham veículos em número suficiente, as viagens eram perigosas e o atendimento, de baixa qualidade. Milhares de trabalhadores vizinhos de João Raimundo saíam de casa antes do sol nascer sem saber se conseguiriam chegar ao destino na hora. A demanda por qualquer ajuda era grande e nada mais natural do que a solução surgir na informalidade.

Para as autoridades, era o conhecido transporte pirata. Para João Raimundo, era o que restava de esperança estimulada pela necessidade.

– "Os patrões botam pra rua, funcionários que costumam atrasar, mas como não chegar atrasado com essas latas velhas que rodam por aí?" – Comentava com um de seus amigos durante uma parada para o cafezinho.

Não havia como negar. Parar nos pontos de ônibus e recolher passageiros cobrando o mesmo que a tarifa oficial era negócio certo. Não rendia muito, mas era garantido. 143

Sempre haveria ônibus quebrados, linhas atrasadas, pouca oferta de transporte e a população continuava crescendo.

Homem de boa conversa, João Raimundo já havia criado um grupo pela rede social e conhecia todos os clientes pelo nome. Autodenominou o serviço como REBU; uma ironia com o UBER – maior serviço de transporte individual do mundo – escrito ao contrário. Sem expor-se demais, estava fazendo renda com apenas um carro e uma rotina dividida entre o fim da madrugada e o fim da tarde. O negócio ia bem e ele já havia conseguido racionalizar o processo de trabalho.

Às 5 horas da manhã, saía da periferia para o centro da cidade com o carro cheio. Ao chegar, fazia duas ou três entregas na região central para a empresa onde havia trabalhado e fora demitido. Deixava o carro perto das avenidas mais movimentadas e voltava para casa de ônibus já no horário de menor movimento e no contrafluxo. No meio da tarde, pegava a linha no sentido contrário, buscava o carro e voltava cheio de passageiros de novo. A rotina rendia R$ 80 por dia, em média. Era uma boa solução para ele e para quem já contava com o transporte todos os dias. Saber que não haveria atraso era garantia de renda também para os clientes de João Raimundo.

Estava tudo funcionando bem, até que uma operadora de ônibus, detentora de uma concessão rodoviária, denunciou o transporte sem regulamentação à polícia. A alegação foi a concorrência desleal por parte dos motoristas não autorizados e o uso de carros sem inspeções específicas para o transporte de passageiros. Como se as latas velhas coloridas do transporte coletivo oferecessem qualquer garantia para os usuários.

A denúncia da empresa não teve qualquer desdobramento até que um noticiário da televisão fez um reportagem criminalizando os motoristas piratas. Como estavam fora da lei, todos eram tratados como bandidos. Imediatamente, a secretaria de segurança passou a montar barreiras e quem estava com o carro cheio acabou revistado.

144

João não escapou. Foi parado pelos fiscais e, ao descer do carro, ouviu o comandante da operação falar com energia aos jornalistas sobre o perigo e a importância da segurança do "cidadão de bem" que não deveria ser submetido ao risco de embarcar em carros de desconhecidos.

Assim que coletou a entrevista e um punhado de flagrantes de motoristas piratas o repórter entrou no carro da emissora e foi embora. As autoridades fizeram o mesmo. Menos de 5 minutos depois, as barreiras haviam sido desmontadas. O circo armado para o show da emissora de TV tinha desaparecido levando carros como o de João, a possibilidade de renda e o transporte das pessoas que mais uma vez teriam que dar explicações aos patrões pelo atraso.

A atividade como motorista havia terminado e era hora de tentar alguma outra coisa que evitasse o despejo e melhorasse o clima em casa. Sem dinheiro, João não conseguia pagar as multas pela apreensão do veículo. Seria a hora de pensar em conseguir um lugar onde morar de favor.

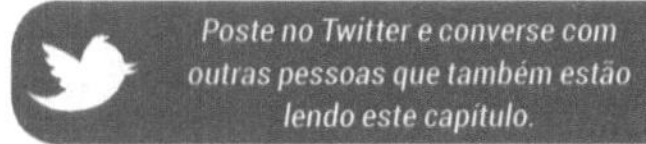

@Economiadobem   #edm_ParaOrganizar

6

NEGÓCIOS SOCIAIS COMO SOLUÇÃO DIANTE DA CRISE DO ESTADO

#edm_Solucao

Pelo que dissemos até aqui, está claro que os negócios sociais possuem uma fórmula interessante para socorrer o Poder Público no atendimento dos problemas enfrentados pela sociedade. Temos observado uma série de obstáculos à boa administração pública e por mais que a tentativa de elevar impostos e reduzir direitos seja tendência crescente, o mesmo não vem ocorrendo com a qualidade ou abrangência dos serviços prestados. A sociedade acredita na falácia do Estado mínimo como meio de desenvolvimento, mas o avanço nunca chega.

Importante destacar que não proponho a substituição do Estado ou entrega de patrimônio para a exploração privada. Pelo contrário, acredito que se há uma saída contra a desigualdade social, ela está no setor público. Entretanto, é possível combinar o papel do Estado à atuação de negócios sociais sem que exista uma obrigatória exclusão entre ambos; como observamos na concorrência entre esfera pública e esfera privada atualmente. Talvez, a empresa social seja um caminho no presente momento.

Como vivemos em um ambiente econômico de acumulação irrestrita de riquezas e o dreno sempre as leva para grandes bolsos privados, não há dinheiro suficiente para distribuição. Os chamados grandes capitalistas têm obtido sucesso na tarefa de ampliar fortunas e influenciar os administradores públicos no sentido de manter as medidas de contração e redução dos direitos. Os noticiários de televisão encarregam-se de divulgar as justificativas para a manutenção do quadro. É comum trocar uma maré de notícias ruins por outra de boas novas quando um governo passa a retirar recursos das áreas sociais e aplica nos segmentos econômicos. O conteúdo editorial muda radicalmente e faz uso de instrumentos superficiais, mas convincentes para a maioria das pessoas.

Em um caso, vimos a comemoração dos índices registrados pela balança comercial brasileira que teve superávit de US$ 67 bilhões em 2017[38]. O que os comentaristas e os jornais esquecem de dizer é que o resultado está totalmente atrelado à exportação de *commodities* e que não há investimento em tecnologia. Quem ganha dinheiro são as grandes empresas exportadoras. Elas faturam muito com toda essa venda de produtos com baixo valor agregado.

Para manter o resultado, a mesma empresa terá que exportar mais e mais nos exercícios seguintes. Ah... Alguém vai mencionar que as exportações são excelentes para melhorar a economia como um todo, pois o governo aumenta a arrecadação com impostos. Meia verdade. Os grandes exportadores são beneficiados com as desonerações e, também, grandes sonegadores. O dinheiro que trarão em uma modalidade de imposto será sonegado

---

38 Disponível em: <http://g1.globo.com/economia/noticia/balanca-tem-superavit-de-us-776-
-bilhoes-em-maio-o-maior-para-todo s-os-meses.ghtml>.

em outro para futura anistia em nome da boa convivência entre capital e governo[39].

Sem falar que boa parte do dinheiro comemorado que entrou com as exportações nem ficará aqui. Será remetida para contas no exterior e o que foi ao ar nas primeiras páginas foi a lorota da recuperação econômica... aquela mesma que não chega à periferia. Voltemos à dificuldade do governo.

O grande problema é que com menos condições de aquisição de produtos ou de contratação de serviços, os trabalhadores acabam necessitando de maior cobertura do Estado. Quanto mais empobrecido, maior a necessidade de apoio. O Poder Executivo passa a ser cada vez mais "diligente" no cumprimento dos deveres de pagador de dívidas com os grandes bancos – por exemplo – e mantém a condição de inadimplente em relação aos que mais precisam de apoio.

Resumindo: estrangulado por dívidas gigantes, o Estado não consegue investir; precisa conceder ou contratar empresas que possam fazer as obras que ele não faz. Assim, contrata e precisa captar dinheiro para pagar. Ao contratar, gera dívida que cresce. Ao pagar a dívida por etapas, estrangula o caixa. Para aliviar, corta políticas sociais e aumenta a necessidade das pessoas. Aumentando a necessidade, sofre pressões para elevar salários dos servidores, por exemplo, e acaba comprometendo o orçamento com a folha de pagamento.

O ciclo é agravado quando, como fonte emergencial de recursos, retoma-se a ideia de privatizar estatais. Abre-se processo de privatização e, em geral, os vencedores são consórcios

39 Disponível em: <http://www.revistaforum.com.br/2017/04/16/temer-perdoa-divida-de--mais-de-r20-bilhoes-de-sonegacao-do-itau/>.

credores do Estado formados por grandes capitalistas nacionais impulsionados por grandes capitalistas estrangeiros. Não raro, pagam parte da compra das estatais com títulos emitidos pelo governo como garantia de pagamento por parte do Poder Público. Quase como comprar algo com o dinheiro do vendedor. Ao adquirir uma estatal, o comprador patrocina campanhas pedindo infraestrutura, investimentos, desburocratização etc., nova demanda por participação do Estado e nova necessidade de contratação de empréstimos.

Vejamos um bom exemplo sobre como funciona a mecânica eficiente da transferência de recursos públicos para os bolsos privados. Em 2017, o Presidente Michel Temer anunciou o interesse de privatizar a Eletrobrás[40]; estatal que comanda o sistema elétrico brasileiro. O valor estimado para a venda seria de R$ 30 bilhões. Dias depois, o mesmo presidente falou em acabar com o horário de verão no país[41], sob o argumento da pouca economia resultante do horário praticado entre os meses de outubro e fevereiro anualmente desde a década de 1930. A economia média é de 4,5% do consumo todos os anos com os relógios alterados para a hora de verão. Caso o horário diferenciado não seja mais adotado, não haverá mais essa redução no consumo – de 4,5% – elevando o quanto as pessoas gastam na conta de energia e, consequentemente, o faturamento da companhia. A Eletrobrás, privatizada, já começaria suas atividades com receita maior, ou seja: o que era uma pequena economia para a Estado, vira gasto a mais para as pessoas e maior volume projetado de renda para a nova dona do sistema.

---

40 Disponível em: <http://economia.estadao.com.br/noticias/geral,entenda-o-processo-de-
-privatizacao-da-eletrobras,7000206 1643>.

41 Disponível em: <http://www.correiobraziliense.com.br/app/ noticia/economia/2017/09/21/
internas_economia,627861/quando-comeca-o-horario-de-verao. shtml>.

Como se não bastasse, o valor de venda está muito abaixo dos ativos estimados para a Eletrobrás. Segundo o ex-diretor regional da Eletronuclear e funcionário de carreira da Companhia Hidroelétrica do São Francisco, engenheiro Carlos Mariz, os 48,6 mil MW de capacidade de geração do Sistema Eletrobrás equivalem a um investimento de R$ 370 bilhões se fosse realizado hoje.

"Quer destruir um sistema? Tire os fundos dele. Não funcionará. Todos ficarão bravos. Vão querer outra coisa. É uma técnica padrão para privatizar um sistema."

(CHOMSKY, 2011)

Sem qualquer pretensão de acertar na receita para todos os casos, o quadro acima é um bom resumo do que ocorre em termos governamentais no Brasil e uma explicação para a falta de recursos na maior parte das esferas da Administração. A crise está prejudicando a todos, mas varia de intensidade conforme a diversificação da economia de cada Estado e também de seu equilíbrio socioeconômico interno. Resta pouca capacidade de investimento por parte dos governos estaduais, pois estão endividados com prestadores de serviços – que nem sempre recebem seus pagamentos – e com a folha de pagamento. Somente no Distrito Federal, os vencimentos dos trabalhadores comprometia 81% de todo o dinheiro arrecadado em 2016.

No Estado do Rio de Janeiro, o governo chegou a atrasar o pagamento dos servidores em 2017, expondo uma crise que não tem nada de exclusiva da administração carioca. Está claro que os remédios adotados até hoje não deram resultado. Óbvia também a falência do modelo de gestão pública que pouco consegue fazer para ser eficiente no atendimento de quem mais precisa. O Governo empenhou-se demais em honrar seu papel de balcão de negócios dos empresários e não atende à população.

Contextos como este são perfeitos para o surgimento dos discursos de moralização nacional, controle e a ideia de "responsabilidade fiscal" (que nada mais é do que uma desculpa para poder cortar nas áreas mais sensíveis sem ser responsável pelo corte; afinal, o governador é obrigado por lei. Curioso, como a observância da lei não vale para todos os casos). Outra conversa que costuma surgir no contexto de crise é a que prega a redução do tamanho do Estado e a necessidade de privatizações, como exemplificado anteriormente.

Você deve estar se perguntando o que isso tem a ver com os negócios sociais. Antes de responder, vamos explicar um pouco melhor alguns processos importantes.

Privatizações

O Brasil passou por diversos momentos turbulentos e em alguns optou por transferir instituições públicas para o controle de empresas privadas. Não vamos aprofundar mais polêmicas aqui, mas é importante entender que ao vender uma estrutura o Poder Público livra-se de custos, mas transfere potenciais importantes de geração de riquezas. É uma escolha na qual não há fórmula pronta. Cortar de um lado traz o alívio dos gastos, mas elimina ganhos futuros que poderiam advir das atividades para as quais a estatal havia sido criada. Não é por acaso que ao menor sinal de venda de empresas, as grandes companhias internacionais apresentam-se para a concorrência em que abocanharão fatias enormes do mercado. Por isso, os acalorados debates pela defesa do patrimônio nacional. O que é vendido, não retornará à propriedade do Estado; ou seja, de todos.

As privatizações são alienações de bens públicos para a iniciativa privada. Podem ocorrer com a transferência total da instituição pública ou apenas servir como meio de capitalização, no qual o que é vendido são partes das ações das companhias para investidores privados. No primeiro caso, a partir da confirmação da venda, mudam os proprietários e passa-se à execução do que foi acordado via edital de concorrência. Quando ocorre uma privatização deste tipo, o regime de controle e administração da empresa não tem mais as normas e princípios que comandaram a instituição anteriormente. Não se trata de gestão privada de um bem público. O bem passa à iniciativa privada em troca de uma indenização ou valor de venda que o Estado arrecada.

Já no caso de venda de parcelas das ações, o comando continua público, mas com novos sócios privados. As maiores polêmicas estão, é claro, nas vendas de instituições públicas que transferem a propriedade e não apenas atraem parceiros para o negócio.

Concessões

As concessões são contratos menos "drásticos" do que a privatização. Nelas, o Poder Público convoca empresas privadas para que invistam e explorem por algum tempo algum segmento no qual está com dificuldades de exercer a gestão e prestar o melhor serviço à população. O Estado fica desonerado dos custos e os empresários passam a explorar livremente o lucro oriundo do negócio.

Geralmente, o Poder Público entrega a gestão em troca da prestação do atendimento. O objetivo é ter o segmento em situação melhor do que estaria sob comando estatal. Há um prazo determinado para que a gestão retorne ao Poder Público e a empresa concessionária passa a cobrar dos usuários pelo serviço que presta. De acordo com a natureza do serviço é possível que a Concessão seja viável economicamente com a cobrança pelo

153

uso diretamente aos usuários ou necessite de complementação de recursos por parte do governo sob forma de subsídios.

Não entraremos em maiores detalhes, pois há uma série de determinações legais para o regime de concessão e variações como as parcerias público-privadas. O objetivo aqui é apenas desenhar um possível contexto no qual os negócios sociais podem ser eficientes como auxiliares ou parceiros oficiais da Administração Pública.

Parceria com negócios sociais

Como dissemos, negócios sociais são empresas privadas, lucrativas que não distribuem dividendos. Os lucros dos negócios são obrigatoriamente reinvestidos para aumentar o impacto sobre o público que depende daquele serviço. Quanto mais pessoas atendidas, mais bem-sucedida será considerada a empresa.

Imagine que surja uma instituição da qual você jamais teve notícia. Ela se instala em alguma região que necessite de serviços ou produtos, passa a melhorar a vida das pessoas e a aplicar investimentos resultantes de suas vendas no avanço da comunidade onde atua. Na medida em que ela remunera adequadamente seus trabalhadores, respeita as leis e devolve boa parte do que ganha em atendimento, faz diferença se a instituição é pública ou privada? Estas não deveriam ser as características do Poder Público em sua atuação junto à comunidade?

Quando o governo instala um posto de saúde, não cobra diretamente por isso, mas está recebendo pelo atendimento mediante o recolhimento dos impostos. Receber na hora do atendimento ou receber antecipadamente dos contribuintes para depois destinar ao pagamento da atadura, do medicamento, da água, da energia do posto ou do salário do médico é questão só de método. Todos os serviços são pagos e já percebemos que o que pagamos pelos serviços que precisamos não está chegando ao destino esperado; e aqui não me refiro somente à corrupção ou desvios ilegais. Há um montante volumoso do dinheiro público que não chega ao destino por opção de usar recursos de uma forma e não de outra. É preciso mudar! Ser ineficiente não é condição obrigatória do Estado. Ele pode ser eficiente e atingir seus objetivos em diversos lugares do mundo. Basta observar o atendimento de saúde de massa na maior parte dos países desenvolvidos. Eles não abrem mão de manter o serviço público. É assim no Reino Unido, França, Canadá e diversos outros.

O negócio social nasce com o espírito da prestação do serviço público, embora tenha natureza privada e objetive o lucro. Os exemplos que observamos em atividade em vários países demonstram que os empreendedores lançam suas ideias onde os governos não conseguem chegar por excesso de demandas, incompetência para administrar o todo ou carência de recursos. Qual melhor solução do que permitir a entrada nessas comunidades e nos mercados de uma empresa que terá o espírito do atendimento e não levará consigo os lucros obtidos na atividade? Adiante, veremos diversos exemplos de como o impacto social pode ampliar o alcance do Estado executando a missão que os gestores públicos não conseguem cumprir – independentemente das razões.

Atualmente, quando o governo concede uma rodovia para a iniciativa privada, a empresa que assumirá o serviço cobrará de quem passar pelos pedágios e usará seu faturamento para manter as pistas em boas condições, prestar serviço de socorro, pagar seus funcionários, custos e remunerar bem seus sócios por meio de dividendos. Imagine se os dividendos anuais fossem revertidos para fornecer transporte gratuito para os moradores de baixa renda que precisam salvar parte de seus curtos orçamentos para outros gastos. Claro, a concessionária social de rodovias é só um exercício de imaginação. Não tenho cálculos e nem estudei a viabilidade econômica do empreendimento. Falo do espírito. Precisamos compreender que é a missão, a causa e o propósito que transformam os negócios sociais nos tremendos sucessos que temos observado pelo mundo. Não há dúvidas de que uma boa parceria entre Poder Público e um negócio social via concessão pode começar a mudar a história do capitalismo inaugurando a era da redução das desigualdades.

COMO SERIA UMA PARCERIA?

A privatização não é um modelo comum na parceria entre um negócio social e o Poder Público e nem acredito ser o melhor caminho. Como os empreendimentos sociais – com foco na solução de problemas – não têm como objetivo a aquisição de patrimônio, não faz muito sentido adquirir bens que são da coletividade como meio para promover transformação na sociedade. Um dos motivos é claro: para comprar um ativo do Estado é necessário um enorme investimento financeiro e como possuir bens pode ser um meio, mas não o fim da atividade social, perde o sentido investir uma energia enorme para algo que não está ligado ao resultado para o qual a empresa foi criada.

Resolver problemas sociais é o foco final e isso pode ser promovido sem a necessidade de comprar uma empresa pública e reduzir o patrimônio que é de todos. Como exercício, vamos imaginar um contexto em que poderia ser firmada parceria entre um governo que esteja em dificuldades e uma empresa que funciona com a lógica do negócio social.

Imaginemos o serviço público de saúde que esteja praticamente inviabilizado. Nada que fuja muito do que temos visto na maior parte do Brasil e em outras nações da periferia do sistema global. Qual a rotina? Filas na porta das instituições, consultas com enorme espera, demanda muito maior do que a capacidade de atendimento, descontrole na aquisição de remédios, no pagamento de trabalhadores, casos muito graves que não podem ser atendidos em uma unidade simples e outros muito leves que poderiam ser resolvidos antes de chegar até a fila. Temos, normalmente, um caos sem qualquer condição de usar os instrumentos de gestão pública para colocar a casa em ordem.

Para agravar, o Estado tem uma enorme rede e problemas gigantes nos hospitais maiores e as unidades pequenas acabam negligenciadas. No Distrito Federal, por exemplo, a secretaria de saúde enfrentou uma situação muito séria que revela o descontrole no processo de compra de produtos e medicamentos. Em 2013, a área responsável pela aquisição junto aos laboratórios comprou próteses para distribuição aos pacientes que as solicitam ao serviço público. O volume da compra foi muito maior do que o necessário para atender à demanda; o equivalente a mais de 40 anos de suprimentos. Pode parecer que a compra acabou com a carência de produtos por quatro décadas, mas não foi o que aconteceu. Como as próteses têm prazo de validade muito mais curto do que o consumo do estoque, a maioria dos produtos nem chegará a ser utilizada. O quadro é ruim e não vemos de que forma a Administração Pública pode resolver os gargalos que travam a máquina. É claro que há um jogo pesado para inviabilizar a saúde de massa em nome do avanço dos planos privados.

Suponhamos que um governo tenha decidido buscar apoio para tentar combater a situação calamitosa. Como foi dito, não

157

considero desejável uma privatização. Não seria uma boa saída para o governo e para a sociedade e nem interesse do negócio social pelos motivos já expostos. A proposta não é afastar o Estado de suas atribuições, mas auxiliá-lo. Neste caminho, clínicas sociais poderiam ocupar espaços ociosos e, a partir de um modelo de negócio social, auxiliar a comunidade, por exemplo, no atendimento básico. Recebendo apoio nos postos de saúde, a Administração Pública poderia concentrar seus quadros e esforços nos hospitais de maior complexidade. Além disso, o negócio social disposto a auxiliar o governo poderia iniciar as atividades em parceria com o executivo local e justamente nas áreas onde há maior dificuldade de atendimento.

As clínicas sociais costumam usar uma combinação de fatores muito interessante: custo de implantação menor do que o necessário para os entes públicos, cobrança de consultas a um preço mais baixo do que o de mercado e pagamento ao médico bem acima do valor praticado pelos planos de saúde. Mais adiante, veremos que o modelo está dando muito certo. No caso concreto, o empresário social e os administradores públicos resolveriam como seriam os pagamentos para cada paciente atendido. As consultas poderiam ser pagas pelo Estado, pelos pacientes a preços baixos ou por ambos, desde que os lucros da operação retornassem para a população sob a forma de reinvestimento (gratuidades, redução dos preços, aumento da cobertura, etc.).

Cobrar diretamente dos pacientes geraria muita reclamação, uma vez que o mesmo posto de saúde havia sido criado para atender gratuitamente, subsidiado por dinheiro dos impostos. A vantagem é que com bom planejamento, os valores poderiam ser divididos mensalmente e pagos como um carnê pelos pacientes em valores que coubessem em seus orçamentos.

Cobrar integralmente do governo imporia um outro desafio: chegar a um valor para o governo que fosse mais barato do que o gasto antes da parceria. O valor pago por paciente atendido deverá ser mais baixo do que o custo que o governo tinha anteriormente em cada procedimento. Caso o custo e a manutenção caíssem e o serviço passasse a ser eficiente, a decisão teria valido a pena. O serviço bem prestado compensaria pela satisfação do contribuinte e desoneração dos cofres públicos. Perceba, seria uma forma de cumprir a missão do Estado reduzindo gastos.

E em caso de desvios de recursos? Suponhamos que a gestão do posto tivesse registrado mais atendimentos do que os realizados realmente e consequentes repasses maiores dos que os devidos pelos cofres públicos para o caixa do negócio social. Imaginemos que a empresa registrou fraudulentamente 50 mil atendimentos e tenha prestado, de fato, 40 mil. Teria recebido pagamento por 10 mil atendimentos por parte do governo sem tê-los realizado. O resultado seria um aumento do lucro da unidade de saúde. Como estamos tratando de um negócio social, os valores obtidos como lucro seriam apresentados no final do exercício anual aos órgãos fiscalizadores e, obrigatoriamente, teriam que retornar para aumentar o impacto. Mesmo em caso de desvio, os valores obtidos fora do que seria considerado justo, teriam que voltar para a população sob forma de mais cobertura de saúde.

É importante reforçar que o serviço de saúde tem que ser público. Saúde não pode ser negócio e não pode servir à acumulação. Os melhores sistemas de atendimento de massa são públicos. Isto não significa que não possa haver parceria de cunho social, na qual o lucro seja apenas meio para promover a transformação da comunidade. Todos os valores arrecadados servirão para pagar os custos (salários, produtos etc.) e, se

159

possível, a operação será lucrativa. Quanto maior o sucesso na concessão, maior será – obrigatoriamente – o retorno para a comunidade. Não é esta a missão do Estado?

Certa vez, ouvi de um empreendedor social que o objetivo máximo dos empresários sociais deveria ser o de acabar com o próprio negócio. Soa estranho, mas faz sentido. Um negócio social nasce para resolver problemas. Natural que ao resolver a razão original da empresa, ela perca a razão de existir. Imagine uma entidade criada para acabar com a fome na periferia. A partir do momento em que socialmente a questão esteja resolvida, a missão estará concluída – seja pela implantação de hortas locais para prover alimentos, consórcios para compras coletivas a preços baixos para a população ou de qualquer outra maneira.

Veja outro exemplo. Uma companhia de transporte coletivo social poderia ter apenas uma linha de ônibus e atender a uma comunidade que sofre com a falta de ônibus, por exemplo. Podemos apimentar a fórmula usando como exemplo um veículo elétrico abastecido com energia solar. O veículo teria emissões zero, quase nada de manutenção e não precisaria de diesel para rodar. O investimento inicial seria alto – talvez o dobro do custo de um ônibus convencional – exigindo a instalação de placas fotovoltaicas no terminal de embarque.

A cidade de Adelaide, na Austrália, já conta com o Tindo, que roda nesse conceito e com tarifa subsidiada. Imagine, uma linha com zero poluição, elétrica e com wi-fi grátis. Seria um importante atrativo para as empresas de telefonia, que poderiam patrocinar a operação e subsidiar as passagens, as quais ficariam mais baratas do que as demais no sistema. Caso a operação resultasse em lucro, o efeito seria a ampliação do impacto social. Como o anterior, este é apenas um exemplo que precisaria passar por um estudo de viabilidade, mas a despeito do preço de aquisição por ônibus, as vantagens na operação e captação de recursos podem justificar o investimento inicial. O preço do quilômetro rodado chega a ser 70% menor em um ônibus elétrico na comparação com um a diesel.

Os negócios sociais entram nas cidades como naturais agregadores. A partir da instalação da empresa, todos ganham. O governo precisa dar meios para que as iniciativas prosperem. Quanto mais evoluírem, melhor será o serviço prestado à população, menor o comprometimento do dinheiro público e mais gente atendida. Na medida em que opera com sucesso, o negócio social passa a ganhar mais dinheiro e, cumprindo a missão para a qual foi criado, a reverter mais do que o esperado em termos de resultados.

Ao contrário, uma empresa tradicional muito lucrativa que opera em determinada região tende apenas a oferecer mais empregos. Isto não é ruim, mas é pouco. Ampliar a oferta de empregos precários – que é o que se percebe nas periferias – não chega a ser uma atitude plenamente positiva. Como a tendência das empresas tradicionais é maximizar o lucro, no longo prazo não se observa grande transformação social; o benefício fica restrito à concessão de um emprego com salário que não cobre as necessidades do trabalhador. Já no caso dos negócios sociais, qualquer lucro será dividido, distribuído diretamente para ampliar o impacto. Reforçando: o ganho da empresa é o ganho real de todos, inclusive do governo. A missão de atender as pessoas e acabar com as limitações de suas capacidades estará cumprida.

Com ou sem parceria da parte do Poder Público, o que estamos observando é a criação, o crescimento e o sucesso dos negócios sociais. Empresas nascidas para gerar impacto social e resolver problemas estão se multiplicando com importante evolução. A maior parte nem chega a firmar acordos com governos ou prefeituras. Apenas fazem seus planejamentos, iniciam a operação como quaisquer outros negócios.

Por que, então, este livro menciona a possibilidade de acordo com o Poder Público? Já escutei esta pergunta muitas vezes e a resposta é clara. Todos sabemos das dificuldades em lançar e manter um negócio. A burocracia é grande, a carência de qualificação é generalizada e os custos são altos. Evidentemente, uma parceria com a Administração Pública pode ajudar a viabilizar a atividade. A concessão de um lote ou prédio do governo que estejam subutilizados; o acesso a alguma linha de crédito nas instituições públicas de fomento; isenções parciais ou quaisquer outros instrumentos podem encurtar o caminho para que o negócio social consiga levar a termo a sua missão.

Só para retomar nossa hipótese inicial, uma rede de postos privados pode completar a tarefa do Estado pelo tempo que for necessário e isso pode significar bastante tempo. Não importa. O fundamental é que a sociedade como um todo perceba que o bem-estar não é tarefa de um segmento enquanto outros tratam de sabotar qualquer boa iniciativa. Estamos todos juntos e somos todos responsáveis.

O leve suor nas palmas das mãos levava Sophie a um ambiente emocional bem conhecido. Nos tempos de competições de ginástica, aquela sensação de salto no desconhecido era comum instantes antes de iniciar as apresentações. A respiração era curta dando aos olhos certa expressão de nervosismo. O maxilar pressionava os dentes como quem tenta domar um animal arredio. Ela já conhecia todas as reações e de frente para o espelho colocava as ideias no lugar. A água fria chegou ao rosto e com toques suaves ela secou a pele antes de voltar ao auditório. Tudo era novo.

Depois do pedido de demissão e do início do trabalho na nova empresa, as coisas tinham acelerado rapidamente. "Acelerar" era o termo adequado. Ao sair da A3E – logística e comércio internacional –, apostou em um segmento novo. O convite havia chegado por e-mail e vinha de Nathalie, uma ex-colega de escola, diretora de uma grande empresa de telecomunicações. Nath havia sido designada para fundar e representar a companhia num fundo privado europeu que investiria em iniciativas de desenvolvimento em comunidades pobres. Com ela, entravam no fundo um estatuto rígido, um conselho formado por executivos de 12 empresa de alcance continental e um importante volume de dinheiro.

Todos os representantes tinham atribuições suficientes em suas atividades principais e foi necessário indicar gestores com dedicação exclusiva para o fundo. "Dinheiro bom é dinheiro bem administrado, não interessa a quantia", dizia Nathalie durante um café onde explicou por que havia escolhido Sophie como uma das contratadas. A tarefa do fundo seria aplicar da melhor maneira possível os recursos arrecadados e, sempre que possível, investir em atividades que pudessem gerar renda e resultar em autonomia para pessoas e negócios locais da periferia em qualquer lugar do mundo. O ideal seria investir uma vez só e garantir o suporte para que as pessoas que recebessem o dinheiro pudessem gerar valor local e manter-se em atividades lucrativas e com retorno positivo para a sociedade. O capital transferido para os projetos não precisaria ser pago, mas deveria ser muito bem usado. O desempenho das organizações seria monitorado e elas seriam classificadas em um ranking de qualidade que poderia indicar futuros aportes para novos desafios.

O objetivo estava claro e o som do auditório, regulado para o conforto da plateia. Apesar de chegar 15 minutos antes do início, Sophie ainda tinha a expressão de quem havia perdido algo importante. Escolheu um lugar na primeira fila e percebeu o quanto tinha andado com pressa no caminho entre o banheiro e o auditório. A luz apagou na plateia e uma 163 *leve iluminação surgiu no palco. A reunião marcaria a apresentação de projetos de ONGs europeias com atividades no mundo todo. Cada grupo teria 5 minutos para apresentar ideias que mereciam receber recursos e os jurados ainda poderiam usar 10 minutos para esclarecimento de dúvidas. No canto do palco, uma foto de Muhammad Yunus sorrindo ilustrava o banner com o chamamento para a rodada de captação e desenvolvimento de negócios sociais.*

Em dois minutos, Sophie faria parte da comissão julgadora que avaliaria a apresentação de pessoas que não conhecia. "Era mais fácil quando eu me apresentava para os jurados. Havia treinos e preparação" – Pensou, lembrando do tempo de ginasta. Sobre os ombros, a ex-atleta não carregava a responsabilidade sobre uma nota ruim ou um mal desempenho. Da opinião dela dependeria o destino de muito dinheiro e recursos que poderiam salvar pessoas. Uma avaliação errada tiraria oportunidade de uns e colocaria para outros. "E se eu errar?"

Sempre haveria um risco de desvios ou valorização de um projeto medíocre mas que contasse com design criativo ou grande desempenho de quem apresentou a proposta à banca. Contra isso, o Fundo só aceitava ONGs auditadas e com amplo histórico de ações corretas e competentes. Sophie abriu pela última vez a pasta com o resumo dos projetos que veria a seguir. Passou os olhos sem conseguir ler nada. A voz do apresentador quebrou o silêncio.

"Muito boa tarde, senhoras e senhores. Celulares desligados, por favor."

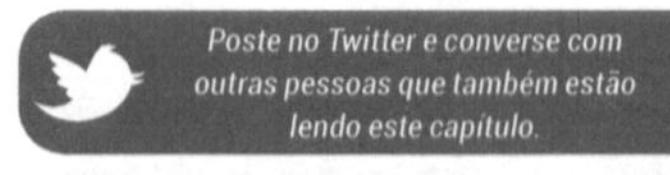

Guilherme Portanova

7

PARECE FANTASIA?

#edb_PareceFantasia

As pessoas mais ligadas ao modelo econômico tradicional custam a acreditar na capacidade de transformação dos negócios sociais. A impressão é que o mundo sempre foi como é hoje e isso não é verdade. Nem sempre tivemos governos republicanos e nem sempre houve estímulo ao consumo em massa. A Revolução Industrial mudou o Planeta e fez com que cada vez mais a economia dependesse da obsolescência daquilo que produz.

Quanto mais desenvolvemos a tecnologia, menor a duração dos produtos. Quanto menos duram, maior o investimento para criar necessidade. A publicidade e o marketing criam as necessidades e as redes sociais têm sido muito eficientes em ditar padrões que impõem comportamentos sobre as pessoas sem qualquer reflexão. Tudo é rápido, efêmero e precisa gerar sensação imediata em experiências apenas superficiais, como teorizou Zygmunt Bauman[42], ao referir-se à "modernidade líquida"). Quanto maior a sensação de necessidade de consumo, maior a dedicação.

Trabalhamos mais e mais para manter níveis de renda e consumo mesmo que o produto consumido não traga mais do que a anestesia até a próxima compra. Nesta dinâmica, quanto menores os salários maior a necessidade de submissão dos

---

42 BAUMAN, Zygmunt. *Modernidade líquida*. Rio de Janeiro: Zahar, 2001.

trabalhadores que precisarão de mais atividades, mais metas e mais horas produzindo. Se o trabalhador tem maiores necessidades, precisa trabalhar mais. O ciclo beneficia a acumulação de capital e desumaniza a sociedade.

Muita gente já percebeu – conscientemente ou não – esse ciclo e seus efeitos sobre a sociedade. Inconformadas, lançaram-se no desafio de gerar negócios que salvam as pessoas, prestam auxílio e vêm ganhando parceiros. É uma forma de romper o modelo tradicional criando uma revolução diferente. Estamos acostumados a acompanhar movimentos revolucionários que rompem, destroem o modo de fazer anterior. Alteram-se sistemas produtivos, relações políticas, estruturas econômicas ou sociais. Desta vez, estamos observando um fenômeno diferente. É uma implosão revolucionária. Os negócios sociais estão ganhando espaço no mundo todo utilizando um método que mistura ferramentas do capitalismo, a missão do Estado e a coletivização socialista. O Grameen Bank, de Yunus, era um exemplo de instrumento totalmente inserido na realidade capitalista, com uma missão pública e total socialização na medida em que tornava os devedores dos empréstimos sócios do banco para o qual deviam. Percebam a sofisticação da ideia.

Estamos diante de uma nova interpretação do contratualismo. O contrato social não tem validade como foi concebido. O Estado não tem condições de atender a todos e não pode ficar encarregado de todas as tarefas enquanto a iniciativa privada cuida somente do que lhe interessa. A única saída pela via tradicional para os governos seria aumentar os impostos, mas isso gera sempre uma reação contundente do setor produtivo que vai demandar ainda mais do setor público.

Não podemos mais interpretar a sociedade como uma família com o governo pai e milhões de crianças com CPF e CNPJ. Somos todos responsáveis pela evolução social. Pagar impostos ao governo não é o suficiente. Da mesma forma, não podemos aceitar administradores públicos que participam de jogos sujos, comprando eleições pretensamente democráticas e que decidem tudo apenas pelo fato de que foram votados e venceram nas urnas. A procuração para exercer cargos não pode ser legítima apenas pelo instrumento do voto ainda mais quando o que o define é o investimento de dinheiro em campanhas milionárias. Precisamos reconstruir tudo. Muita gente já começou e agora, vamos conhecer alguns exemplos inspiradores.

Kickstart

<http://www.kickstart.org>
(Mali, Senegal, Burkina-Faso, Gana, Nigéria, República Democrática do Congo, Sudão do Sul, Uganda, Ruanda, Tanzânia, Quênia, Etiópia, Malawi, Zimbabue, Moçambique e Zâmbia)

Em 1991, o marceneiro, construtor e empreendedor Nick Moon, e o engenheiro Martin Fischer decidiram transformar suas habilidades em um negócio. Martin havia saído dos Estados Unidos para atuar como voluntário no Quênia por nove meses; que acabaram se prolongando por 25 anos. Nick tinha experiência como empreendedor e voluntário na Nigéria e em algumas áreas do Quênia. Em solo queniano, Martin e Nick se conheceram quando trabalhavam para a ActionAid e descobriram que ambos carregavam uma sincera crença na capacidade empreendedora dos pobres e na habilidade de enfrentar dificuldades comuns na periferia. A ideia de reunir esse espírito de empreendedorismo,

167

ferramentas e tecnologias inovadoras e o poder do mercado criou um modelo revolucionário com uma nova maneira de tirar as famílias da pobreza gerando riquezas. O mais interessante é que o modelo mostrava-se economicamente sustentável, eliminando a necessidade de subsídios.

O contexto – A África possui 25% da terra cultivável do mundo, mas muitos dos seus habitantes passam fome. A maior parte da população forma um enorme contingente de pequenos agricultores que mal conseguem obter o próprio alimento. Podemos explicar o paradoxo a partir de outro número: na porção do continente abaixo da linha do Deserto do Saara, apenas 4% das terras são irrigadas. O restante depende da sorte, enquanto espera pela chegada da chuva. Quando chove com regularidade e bom volume, os agricultores colhem mais e melhoram os níveis de nutrição e saúde da população. O problema é que boa parte do território tem estações bem definidas com períodos de seca que limitam o crescimento das plantas. Na temporada seca – ou "estação da fome" – os agricultores não conseguem nem ao menos o próprio alimento em volume suficiente, mais raro ainda ter produtos para vender. Acabam todos presos no ciclo da pobreza.

Mesmo nas épocas de colheita, os agricultores colhem todos ao mesmo tempo gerando excesso de produtos. A oferta muito grande faz os preços caírem no velho ciclo frágil das *commodities*. Nick e Martin enxergaram o problema e colocaram a cabeça para funcionar. A população precisava de ajuda com um sistema de irrigação eficiente e, obrigatoriamente, de baixo custo.

A solução – Depois de muitos desenhos, o projeto saiu do papel. Uma bomba de menos de 16Kg acionada por pedal poderia captar a água existente no subsolo a até sete metros de profundidade.

O modelo mostrou-se um sucesso. Nascia a Kickstart com o seu primeiro produto, apelidado de MoneyMaker* pelos quenianos – primeiro país atendido. As bombas são vendidas em diversas lojas para garantir a entrega, manutenção e peças para reposição no continente africano. Atualmente, a empresa é um negócio social global e alcançou números impressionantes. Desde 1991, a Kickstart vendeu mais de 300 mil bombas e criou mais de 230 mil novos negócios rurais. Um milhão e duzentas mil pessoas saíram da linha da pobreza, com um pobre deixando esta condição a cada sete minutos. Mais de 200 mil empregos diretos foram criados e mais de 12 milhões de pessoas têm sido alimentadas a cada ano graças ao sistema de irrigação.

O aumento médio na renda dos agricultores foi de 500% nas áreas que passaram a usar a bomba MoneyMaker; por sinal, nome apropriado para uma empresa que criou uma forma de fazer brotar dinheiro do solo. O negócio é um grande sucesso, mas a empresa segue investindo em inovação para criar meios ainda maiores de ampliar o impacto social e tirar ainda mais gente da pobreza. Atualmente, a Kickstart está desenvolvendo uma bomba movida a energia solar para resolver novas necessidades da população rural africana. A empresa é um negócio social que se virou sinônimo de segurança alimentar, empoderamento e geração de renda para milhões de pessoas da periferia.

Kickstart = 1,2 milhão de pessoas fora da linha da pobreza.

Grameen Danone

<https://www.yunusnegociossociais.com/grameen-danone-foods-ltd>
(Bangladesh)

Quando uma criança nasce ninguém sabe o que ela será quando adulta. Em Bangladesh, uma questão é quase certeza: a chance é grande de que ela venha a crescer subnutrida ou desnutrida. Dados do Unicef mostram que 56% dos meninos e meninas com menos de cinco anos não recebem a alimentação adequada para crescer com saúde. O problema é antigo ao ponto de quase tornar-se invisível para boa parte da população que vivia como se a vida fosse assim mesmo.

Um dia, em 2005, o já vencedor do Nobel da Paz, Muhammad Yunus foi a Paris para uma conferência. No evento, foi provocado pelo CEO da Danone, Frank Riboud, sobre qual problema a companhia de alimentos poderia resolver e como. Yunus não precisou de tempo para responder. Sugeriu a criação de uma sociedade entre o Grupo Grameen (já famoso pelo Grameen Bank) e a Danone. O problema estava claro: as crianças de boa parte do mundo não recebem nutrientes em volume mínimo – reforçando: nem o mínimo – para que possam se desenvolver, estudar e lutar contra doenças. O problema era fácil de definir. A questão era como criar a solução.

Durante meses, as duas empresas uniram esforços para criar um negócio social – sem distribuição de dividendos – que produziria um iogurte capaz de dar às crianças o que elas não tinham. O trabalho foi intenso e muito difícil. Seria preciso criar fábricas de laticínios para produzirem potes de iogurte, saboroso, muito nutritivo e com preço acessível para os moradores mais pobres da periferia. O preço não seria um atributo interno do produto; deveria ser o que as famílias pudessem pagar. O primeiro desafio foi convencer executivos da lucrativa Danone a investirem em uma linha de produção que não traria dividendos aos acionistas e que pagaria apenas salários aos trabalhadores. Inicialmente, houve resistência, mas o número de empregados da sede francesa da Danone demonstrou o quanto as pessoas entregariam suas capacidades a um projeto com propósito humanitário tão urgente.

Solução Local – Depois do período de modelagem, a Grameen Danone chegou à fórmula final. Foram criadas pequenas fábricas rurais que compram leite de pequenos produtores e empregam trabalhadores locais para venda na região. A distribuição é feita pelas mulheres da Grameen que ganham 10% do que negociam. A primeira unidade foi instalada a 200Km de Daca, Capital do país. O iogurte produzido é enriquecido com ferro, vitaminas, cálcio, proteínas e outros nutrientes. Os responsáveis pela fórmula defendem que com três unidades por semana seria possível eliminar a carência alimentar das crianças. O público-alvo eram as moradoras dos vilarejos espalhados pelo interior do país, onde a carência nutricional era maior.

O segundo desafio – Apesar dos esforços, a conta não fechava. O objetivo do negócio social é – como dissemos – resolver problemas e se a carência de nutrientes é o mal para uma parcela enorme de pessoas, seria necessário que muita gente consumisse o produto. Por outro lado, seria preciso gerar lucro para que o negócio não fracassasse... mas a conta não fechava. O preço que as pessoas podiam pagar era pouco para honrar o custo da operação. Com a crise econômica de 2008, a situação piorou ainda mais. A produção de cada pote de iogurte ficou mais cara para a Grameen Danone e os administradores já avaliavam fechar as portas. O dilema era claro: o preço precisava subir para manter o negócio causando impacto. Em compensação, não adiantava criar uma solução inacessível ao público que precisava dela.

O subsídio cruzado – A saída para os moradores do campo veio da cidade. O preço de venda do Shokti Doi – nome do iogurte – não poderia subir muito na área rural sob pena de ficar inviável chegar ao público-alvo. Entretanto, na cidade a renda da população era maior. A saída seria lançar o produto nas cidades, onde o volume de venda seria maior, mesmo que com preço mais elevado. A venda na região metropolitana de Bangladesh passou a sustentar a operação nas áreas mais pobres. Atualmente, o negócio ainda está em consolidação e avaliação dos resultados nutricionais.

Grameen Danone = 1.600 empregos + renda para mulheres pobres.

Grupo Carteiro Amigo

<http://www.carteiroamigo.com.br>
(Brasil)

É fácil imaginar problemas comuns para os moradores das favelas das grandes cidades. Qualquer um é capaz de listar questões como violência, falta de saneamento básico, atendimento de saúde ruim ou inexistente, falta de escolas e creches, desemprego e ausência de crédito para a baixa renda. O que muita gente não imagina é que há uma série de problemas que quase não aparecem. Um deles incomodava muito os moradores da

Favela da Rocinha no Rio de Janeiro. Boa parte dos moradores paga juros por contas que não queria deixar de pagar. Gente que guardava o dinheiro, mas não recebia o carnê ou o boleto bancário e acabava inadimplente. Mais universal do que a fragilidade de renda era a dificuldade de endereço.

Nascida sem qualquer planejamento, a favela é um emaranhado de pequenas ruas e becos que se espalham de uma avenida principal para um miolo intransponível para quem não vive diariamente entre as casas e barracos da base da pirâmide. Pior ainda quando a comunidade ocupa um morro e as construções espalham-se desafiando a topografia. Na Rocinha é assim. Os becos têm diversas residências e não há carteiro no mundo que consiga entregar correspondências em uma confusão tão grande.

Em 2000, três moradores tentaram trabalhar como recenseadores do IBGE – Instituto Brasileiro de Geografia e Estatística – na coleta de dados sobre as famílias da comunidade localizada em São Conrado, Rio de Janeiro. Parecia impossível cumprir as tarefas. Nem eles, nascidos na Rocinha, localizavam com facilidade os destinatários. Estava claro o problema. Os moradores da região viviam privados de receber as correspondências e as consequências eram as mais variadas. De contas atrasadas a avisos importantes de órgãos oficiais acabavam perdidos em locais errados ou jogados fora. Frustrado, o grupo alugou um imóvel na entrada da favela e arregaçou as mangas. Investiram os esforços em um novo mapa da favela. Deram nomes aos becos, ruas e numeração racional às casas. Feito o trabalho, abriram uma central de recebimento de correspondências que resultou em economia de tempo para entregadores e carteiros. Todas as residências podiam ser localizadas com agilidade.

Atualmente, a empresa Carteiro Amigo, é reconhecida com o *status* de serviço de utilidade pública. Quem quiser estar coberto pelo Carteiro Amigo, precisa pagar uma mensalidade de R$ 16 – em 2000, eram R$ 3. São oito funcionários e uma rede de franquias em outras três comunidades e já está em estudo a expansão para São Paulo e Bahia. Como virou referência, o Carteiro Amigo tem sido também local de entrega de produtos pelas lojas de departamentos, funcionando como um destino de entrega ou ponto de ligação do vendedor que não conhece a comunidade e o morador.

Carteiro Amigo = 16 mil pessoas ganharam endereço.

Solar Ear

<http://www.solarear.com.br>
(Brasil)

Pouca gente imagina, mas combater as limitações ocasionadas pela surdez pode ser um meio de lutar contra o ciclo de pobreza nos países da periferia do sistema global. Para muita gente a relação entre pobreza e deficiência auditiva pode ser novidade. Para a Solar Ear e sua equipe, é um problema identificado há bastante tempo.

Tudo começou com a trágica morte da filha do executivo canadense, Howard Weinstein. Foi em 1995, enquanto a menina de dez anos dormia. Antes de se recuperar da perda inesperada, ele foi demitido pela empresa onde trabalhava no Canadá. Devastado, abriu uma empresa, mas faliu logo depois. Apesar de ter dinheiro de sobra conquistado com a carreira de muito sucesso, em 2001, decidiu aceitar uma proposta de emprego com salário de US$ 200 mensais para ajudar pessoas pobres na África. Howard foi para Botswana, no sul do continente africano para campanhas humanitárias, onde conviveu e ajudou no treinamento de pessoas surdas. Começava a amadurecer a ideia de criar uma nova empresa voltada para resolver um grave problema social.

Em 2005, mudou-se para o Brasil e partiu de um problema para encontrar um enorme mercado e uma oportunidade de mudar o mundo.

O problema – Segundo dados divulgados pela empresa, das 642 milhões de pessoas que precisam de aparelhos auditivos no mundo, 400 milhões estão em países pobres. A produção consegue colocar no mercado 10 milhões de aparelhos por ano. Com isso, as empresas cobrem 1,5% da demanda. Pela lógica tradicional, produzir aparelhos auditivos é apenas um negócio; uma oportunidade de gerar lucro. Aí está o problema. A maior parte das pessoas que precisam dos equipamentos não têm condições de comprar. Nos países da periferia, é comum não haver oportunidades de trabalho e educação para surdos ou, quando existem, não serem suficientes para atender a demanda. Surdos nascidos em famílias pobres e que não recebem educação escolar ou não conseguem qualificação tendem a continuar o ciclo da pobreza.

Muitos surdos entram em filas para conseguir aparelhos doados pelos governos, mas surge outro obstáculo. As baterias são caras. Segundo a Solar Ear, custam US$ 1 e duram uma semana. Em muitos lugares pobres, nem existe bateria para vender. Agora, imagine tentar vender uma bateria por esse preço em uma comunidade onde a renda é de US$ 3 por habitante por dia. "É comum, uma pessoa usar o aparelho até a bateria acabar e depois vender ou jogar fora." – afirmou Howard em uma de suas palestras.

> **"Uma das vantagens para os países em desenvolvimento é que o sol é grátis."**

(Howard Weinstein)

A solução – A ideia dos trabalhadores surdos de Botsuana foi criar um aparelho auditivo mais barato. Howard investiu tempo e dinheiro no desenvolvimento de uma eletrônica inovadora. Para resolver a questão do preço da bateria, conseguiram desenvolver um modelo que dura de dois a três anos e pelo mesmo preço da concorrente. O aparelho criado pelos próprios surdos era uma grande inovação portátil que recarrega as baterias ligado na tomada ou com energia solar. Estava montado o negócio e criado o primeiro produto do segmento voltado à baixa renda.

Até então aparelhos eram caros e atendiam apenas quem podia gastar acima de R$ 1.500 (ou bem mais do que isso para os modelos mais sofisticados) cada um. No Brasil, os modelos da Solar Ear chegam a custar R$ 225 os analógicos, e R$ 300, os digitais, enquanto os concorrentes mais baratos são de 5 a 10 vezes mais caros.

A Solar Ear é um negócio social. Não distribui dividendos, usando todo o lucro obtido para ampliar o impacto em um modelo interessante. O que, numa empresa tradicional iria para os sócios, é dividido em três partes: uma para reforço do negócio, outra para ampliar impacto e a terceira parcela é investida em pessoas. Atualmente, a produção com sede no Brasil é exportada para 30 países.

Solar Ear = 50 mil pessoas voltaram a ouvir.

Kiva

<http://www.kiva.org>
(Estados Unidos)

A tecnologia disponível atualmente é um convite à inovação e, como temos mostrado, inclusive para negócios sociais.

Guilherme Portanova

Soluções inviáveis há alguns anos, hoje são gratuitas e podem estimular pessoas e negócios gerando riquezas em qualquer parte do mundo. Está claro o poder das redes, mas apesar de vivermos a era da tecnologia, há 15 anos pouca gente imaginaria que seria possível gerar impacto social tão rápido em dimensões tão assombrosas como faz o Kiva atualmente. Já falamos sobre a importância do microcrédito e como ele pode ser transformador. Em 2004, o economista indiano Premal Shah viu isso de perto.

Formado em economia em Stanford, Premal decidiu viajar para a Índia para um período como voluntário em comunidades pobres. Durante dois meses, trabalhou ao lado de artesãs de baixa renda para tentar gerar uma ferramenta on-line que impactasse na vida das comunidades da periferia. A missão teve bons resultados. O mais importante voltava para os Estados Unidos com o jovem empreendedor. Ele reforçou a certeza de que o acesso a crédito justo poderia ser a ferramenta para tirar muitas pessoas da pobreza. Yunus já havia provado com a experiência do Grameen. Premal – que havia trabalhado no revolucionário Pay Pal ao lado de Elon Musk – estava convicto de que poderia ampliar o impacto do microcrédito por meio de uma boa tecnologia.

Em apenas um ano, o negócio estava estruturado partindo do conceito de microcrédito para levar a eficiência dos empréstimos ao extremo. O Kiva nasceu para resolver o problema da falta de acesso ao crédito para a baixa renda em qualquer lugar do mundo.

Como funciona? O site apresenta uma enorme lista de pessoas que contam suas histórias e pedem empréstimos que, em geral, servirão para financiar produtos ou serviços. Dinheiro para gerar mais dinheiro. O interessado em doar faz a transferência, paga no cartão de crédito e recebe uma data para receber o dinheiro emprestado de volta sem juros. A busca pode ser por país, pela natureza da atividade, pelo gênero de quem está pedindo ou por diversos outros caminhos. A proposta é simples: promover o encontro entre quem precisa de ajuda e quem quer ajudar.

O Kiva torna possível, por exemplo, que um empresário em Nova Iorque conheça a história de Zubaida, de Mansehra, no Paquistão. Ela e o filho são donos de uma pequena mercearia e, em julho de 2017, pediam US$ 400 para comprar açúcar, farinha, grãos, óleo e biscoitos diretamente do distribuidor para vender. O valor tomado como empréstimo é menor do que a renda gerada na venda e com isso é possível devolver os valores emprestados e gerar renda.

Do outro lado do mundo, uma publicitária japonesa poderia encantar-se com a história de Santos Elí, morador de Anamoros, El Salvador. Há oito anos, o Salvadorenho pilota uma espécie de tuc-tuc pelas ruas da cidade. São 12 horas de jornada por dia para manter vivo o sonho de sustentar a família e conseguir dar educação de qualidade aos filhos. O problema é que o motor do veículo quebrou e a família não tem dinheiro para comprar a peça e pagar o serviço.

O processo é todo transparente. O Kiva mostra qual a instituição garantidora do crédito e ao transferir dinheiro para alguém que precisa, o financiador pode consultar o planejamento de devolução e saber exatamente quando terá seu dinheiro de volta. Ao final, a equipe do Kiva faz uma provocação:

Recebeu seu dinheiro? Não saque. Repita.

Optando por aceitar esse pedido, o doador passa a não gastar mais. Com o mesmo volume da primeira aplicação, ele duplica o seu apoio, simplesmente redirecionando para um novo projeto. Imagine que você doe US$ 25 para uma pessoa pobre que compra sementes. Ela recebe o crédito que precisa, planta, vende a safra e lhe devolve os US$ 25, que cairão na sua conta. Matematicamente, se sacar o dinheiro, você não terá gasto nada. Entretanto, se transferir os mesmos US$ 25 para outro projeto, estará atingindo US$ 50 em doações, sendo que tirou apenas US$ 25 do bolso. Quem está fazendo a segunda doação é a pessoa que pegou os seus US$ 25 emprestados no primeiro projeto. Você está apenas escolhendo para quem vai esse dinheiro na sua segunda rodada de investimento.

Fantástico! Basta um pequeno passeio pelo site para encantar-se com as histórias das pessoas e com as causas que apoia. Simples, tremendamente eficaz e perfeito. O Kiva tem hoje 2% de inadimplência e a rede de bancos dando suporte ao negócio é gigantesca. Ah... antes de irmos aos números. Dois dias depois de escrever esta parte do livro, quando voltei para consultar o caso de Santos Elí, o pedido havia sido desativado, pois as doações haviam atingido o valor necessário e a essa altura, enquanto você lê a história dele, o tuc-tuc deve estar rodando por El Salvador. O mesmo aconteceria com Zubaida dias depois.

O Kiva é um negócio social baseado em São Francisco, Estados Unidos, com o objetivo de combater a pobreza. Nesta missão, já beneficiou pessoas em 84 países. Em pouco mais de uma década, 1,6 milhão de doadores viabilizaram projetos de 2,5 milhões de pobres. Os milhões não são suficientes para quantificar a quantidade de dinheiro que o Kiva já direcionou para áreas onde faltava crédito: mais de 1 bilhão de dólares passando pela plataforma e retornando em um ciclo que não para de aumentar em impacto nos países periféricos e nos bolsões de pobreza dos

179

países ricos. Mais de 38 mil créditos foram para educação e 526 mil produtores rurais conseguiram crédito ao qual não teriam acesso no sistema bancário tradicional.

Kiva = 1 doação a cada 2 minutos.

Aravind

<http://www.aravind.org>
(Índia)

O Aravind é um dos exemplos que provam que os negócios sociais não são uma moda bacana sobre a qual um monte de gente resolveu falar agora. Não é apenas uma onda que cairá no esquecimento em breve. A maior rede de hospitais oftalmológicos do mundo tem 41 anos de existência. Nasceu de um problema que surpreende ser tão pouco conhecido: a falta de atendimento eficaz para pacientes de baixa renda. Segundo os cientistas ligados ao hospital indiano, 90% dos cegos do mundo estão nos países da periferia e 80% de todos os casos seriam evitados desde que submetidos a diagnóstico precoce e tratamento adequado. A ideia nasceu com o oftalmologista, Dr. G. Venkataswamy. O médico ficou famoso na Índia por implementar serviços de atendimento de saúde pública e por vencer a artrite em grau tão severo que quase o impedia de mover os dedos. Superando a doença, Dr. V. chegou a fazer mais de cem cirurgias de catarata por dia para pessoas de baixa renda.

O caso estava mapeado. Médicos habilitados não faltavam na Índia, mas o custo das cirurgias era alto demais, principalmente, pelo elevado preço das lentes oftalmológicas. Antes do Aravind, para curar a catarata, o paciente precisaria pagar o equivalente a US$ 800 na Índia. Obtendo apoio de investidores e do Poder Público, o Aravind criou o próprio laboratório e passou a fazer o mesmo procedimento por valores que variam de US$ 40 a US$ 250 (o valor mais elevado é para pacientes que exigem quarto privativo, o que permite o subsídio de outras duas cirurgias gratuitas). Com o tempo, o Aravind inovou. Passou a não exigir mais pagamento, pedindo que o paciente pague o quanto puder e se puder. Detalhe: são quatro décadas de atendimentos do maior centro do mundo na área com 11 hospitais.

O Aravind conta com menos de 1% dos oftalmologistas indianos, mas alcança 5% de todas as cirurgias realizadas na Índia. Somente entre abril de 2015 e março de 2016, foram realizadas 3.727.227 consultas médicas e mais de 408 mil cirurgias (três a cada quatro são voltadas para pessoas pobres e o hospital não tem prejuízo nas contas).

Aravind = 34 milhões de atendimentos oftalmológicos com preço abaixo do mercado.

A Minha Clínica

<http://www.aminhaclinica.com.br>
(Brasil)

Ao terminar a última consulta daquela manhã, o Dr. Joannes sabia que o próximo horário seria um tanto constrangedor. Abriu a porta do consultório e recebeu os sorrisos alegres – apesar de um pouco amarelos – de três colegas de profissão. Eles entraram, trocaram cordialidades e foram ao ponto:

– O preço que o senhor cobra pelas suas consultas é desleal com a categoria.

O apelo para praticar valores mais altos para as consultas de endocrinologia não comoveu o grego residente há muitos anos no Brasil e profundamente preocupado com o acesso do povo ao atendimento de saúde. Diante dos colegas, foi taxativo ao defender a importância social da Medicina e negou-se a tratar pacientes como consumidores ou o consultório como balcão de negócios. O encontro que deveria encher os colegas de vergonha aconteceu em janeiro de 2017. Os três visitantes haviam decidido convencer o Dr. Joannes a cobrar mais caro pelas consultas de endocrinologia por uma questão bastante simples: os especialistas não são muitos e combinar um preço quatro vezes maior era algo razoável e agradaria a todos. O bom e velho cartel rebatizado de bom senso; prática muito comum nas mais diversas áreas.

Ao me receber no mesmo consultório, o Dr. Joannes deixou claro por que não aumentou o valor das consultas (na época, em R$ 100; um disparate se comparado a R$ 400, R$ 500 ou mais exigidos por outros especialistas).

– Eu estudei em escola pública, fiz faculdade pública, trabalhei a vida toda e acho que preciso devolver algo à sociedade. – Justificou o médico que ainda guarda o brilho de estudante no olhar.

Alguns meses antes do encontro com os três endocrinologistas, o caminho de Joannes havia sido cruzado por Rafael Vignoli, um economista com experiência no mercado financeiro, em especial em investimentos de empresas de planos de saúde e com uma experiência trágica no currículo. A visão da saúde como um negócio, tão natural no mercado, havia custado a vida do pai dele.

Nascido em Brasília, Rafael transferiu-se para São Paulo para estudar e trabalhar. Deixou o pai na cidade natal enquanto tocava a promissora carreira que lhe abriria muitas portas. Por algum tipo de abuso cometido por uma operadora de plano de saúde, o pai de Rafael rompeu o contrato e ficou sem cobertura; não aceitava o absurdo das cobranças e a falta de compromisso das empresas com os segurados. Depois do fim do contrato, sofreu dois infartos. No segundo, esperou por duas horas uma ambulância e acabou não resistindo. Chegou a ser internado, mas somente depois de pagamento antecipado de valores absurdos. A lógica é a do comércio. Para se ter chance de sobreviver, antes é preciso pagar. Foi a gota d'água.

Conhecendo os procedimentos sujos e o histórico dos planos de saúde, Rafael decidiu procurar alguns amigos e mudar de ramo. A ideia foi criar uma clínica de saúde para todos sem planos de saúde. A empresa seria montada sobre três princípios que se revelariam um sucesso: preço bem menor do que o mercado; atendimento de qualidade; pagar ao médico mais do que as empresas pagavam por atendimentos no convênio. Estava criada a Minha Clínica, no centro de Brasília; um conceito que deu ao Dr. Joannes uma ótima desculpa para não se aposentar.

A clínica, que trouxe para a realidade o idealismo do Dr. Joannes, conta com mais de 20 especialidades médicas, odontologia, exames de sangue e de imagem. Com um ano de vida, já tinha três unidades no Distrito Federal. O paciente não precisa de plano de saúde e paga de R$ 70 a R$ 120 por consulta e o valor pode ser parcelado em até 6 vezes. A espera média entre o pedido da consulta e a realização é de dois dias. Em muito casos, é possível ser atendido no mesmo dia. Um luxo, se considerarmos o déficit anual de atendimentos do sistema público de saúde. De acordo com dados da Dr. Consulta (outro negócio social voltado para atendimento de baixo custo e tremendo sucesso no Brasil), quase 75% dos brasileiros não possuem convênio médico e dependem exclusivamente do Sistema Único de Saúde. O déficit de atendimento do SUS é de

800 milhões de consultas por ano. Basta uma conta rápida para perceber o tamanho da demanda não atendida.

A Minha Clínica é um negócio social. Até agosto de 2017, apenas pagava os custos da operação, mas a expansão garantirá o lucro que será todo reinvestido para ampliar o impacto – exatamente como aponta o planejamento estratégico da empresa e já vem sendo realizado por outros negócios sociais. Uma das metas dos sócios (Rafael e Joannes) é conseguir reduzir ainda mais o valor das consultas ou aportar recursos para ampliar a possibilidade de parcelamento dos valores pagos pelos pacientes. Os sócios recebem salário em forma de pró-labore. O que chama atenção em cada uma das unidades é a limpeza e organização. Nada parecido com hospitais sucateados. Tudo é claro, simples e adequado.

Os responsáveis pelo negócio estudam parcerias para conseguir realizar cirurgias e procedimentos hospitalares. O futuro é muito promissor para os médicos e atendentes que não esperavam tanta demanda. O plano original esperava apenas uma clínica, mas a falta de cobertura particular e os enormes problemas da rede pública empurraram a Minha Clínica em uma velocidade acima da esperada. O investimento total para as três unidades foi de R$ 1,35 milhão. Parece muito, mas se compararmos aos custos pagos pela Administração Pública, veremos que não é tanto assim. Em 2016, através da Portaria nº 199 do Ministério da Saúde, o Governo Federal liberou R$ 4.08 milhões para a construção – apenas construção – de 8 unidades de saúde. O valor investido pela Minha Clínica entregou três centros de atendimentos completos e com 20 especialidades. O primeiro, sede da empresa, precisou de menos reformas e custou apenas R$ 150 mil.

Minha Clínica = 25 mil atendimentos de saúde para moradores da periferia.

Guilherme Portanova

Iniciativa em saúde sem grande investimento

O Aravind e a Minha Clínica, a exemplo de outros negócios que invadiram o mercado com o conceito de negócios sociais, foram desafios imensos para seus criadores. Primeiramente, pela complexidade do tema que iriam abordar e transformar em solução. Além disso, houve necessidade de investimento financeiro grande para transformar a ideia em uma instituição tecnicamente bem equipada capaz de prestar atendimento de qualidade à população. No caso do Aravind, o pioneirismo tornou tudo mais difícil com a necessidade de criação de um laboratório para pesquisa e fabricação de lentes e outros produtos importantes para o tratamento oftalmológico e que permaneciam sob controle de multinacionais de saúde.

A boa notícia para quem tem vontade de causar impacto social, mas não dispõe de recursos ou investidores é o que já vem sendo feito eletronicamente. Alguns negócios têm sido criados utilizando a estrutura já instalada em seus horários ociosos. Não é preciso construir uma clínica ou um hospital, mas é possível fazer um atendimento qualificado, eficaz e com baixo custo.

Imagine conseguir reunir médicos de diversas especialidades que se disponham a atender em algum horário da semana pacientes de baixa renda. Até bem pouco tempo, este profissional precisaria se deslocar para a periferia e trabalhar em um posto de saúde ou unidade pública. Agora, através de um aplicativo, ele e seus colegas podem disponibilizar horas livres com valor reduzido. Os pacientes que também possuírem o acesso poderão reservar os horários que convenham para ir ao consultório. Nada precisou ser construído e nenhuma máquina foi comprada. Apenas

185

uma tecnologia para celular, um sistema de pagamentos (que pode ser o tradicional) e profissionais habilitados dispostos a ajudar.

Um desses aplicativos no Brasil chama-se "Dr. Já". Nele, pacientes podem buscar profissionais cadastrados em diversas regiões do país e agendar a consulta. A pesquisa pode ser orientada pela cidade, pela especialidade clínica e é possível colocar um filtro de valores cobrados pela consulta. Na época em que este livro estava sendo escrito, era possível buscar por atendimentos médico, psicológico, nutricional e de outras áreas com valor mínimo de R$ 99. Se o preço é ou não acessível para o público da base da pirâmide, não sabemos. Isso não significa que a ideia não cause impacto social. Nem todo impacto refere-se aos mais pobres. Há uma camada enorme da população que não é pobre, mas que também tem dificuldade em manter um plano de saúde ou pagar uma consulta médica no valor de mercado.

Em Brasília, estamos iniciando uma modelagem de uma clínica odontológica nos mesmos moldes. A ideia é ampliar a oferta para a população que está fora das redes de atendimento com um dentista e que muitas vezes poderia evitar problemas como o câncer de cabeça apenas visitando um especialista regularmente.

Projeto Programando o Futuro

<http://www.doeseucomputador.org.br>
(Brasil)

A área ocupada atualmente pela unidade chamada Metar-reciclagem parece uma fábrica-escola. Na verdade é um grande laboratório de transformação social. Valparaíso de Goiás, no entorno de Brasília, é uma das áreas mais violentas do país. Segundo o Índice de Homicídios na Adolescência, da ONU, a chance de morrer por causa violenta no Município é grande. Na comparação entre janeiro de 2016 com o mesmo mês de 2017, o crescimento de homicídios foi de 243%, registrando 24 casos em 31 dias, conforme dados da Polícia Civil. As vítimas tinham entre 18 e 30 anos.

Nesse ambiente, os idealizadores da ONG Programando o Futuro decidiram ocupar uma área tomada pelo tráfico e consumo de drogas para construir uma unidade de desmontagem e recuperação de equipamentos eletrônicos. O objetivo era ensinar como pegar o aparelho que não serve mais na casa das pessoas e transformá-los em máquinas úteis em pleno funcionamento. Os estudantes são desempregados, dependentes químicos, pessoas que não tiveram oportunidades ou que por algum motivo perderam-nas. O público considerado pouco útil para o mercado e, por consequência, para a sociedade aderiu aos cursos. Formaram um grande contingente de alunos que estudaram, aprenderam e com seu trabalho haviam beneficiado mais de 80 instituições com a doação de computadores até o fim da edição deste livro. As peças que não são aproveitadas no processo acabam vendidas para usinas de reciclagem de metais e plástico. O resultado foi melhor do que o esperado. A ONG é um legítimo negócio social que gera lucro e renda para os participantes, revertendo renda para mais cursos e mais gratuidade, empoderando pessoas que a sociedade prefere ver fora de circulação.

Todos os professores são ex-alunos e já foram formados mais de 500 técnicos com habilidades que estão retirando o pessoal das ruas e do vício. Os primeiros cursos concentravam-se em como reaproveitar carcaças dos computadores, mas a escola evoluiu. A capacitação agora forma *videomakers*, treinamento em softwares e robótica.

Ribon

<http://www.ribon.io>
(Brasil)

A liderança e o desejo por empreender não chegavam a ser novidades para Rafael Rodeiro. Na Universidade de Brasília ele já havia sido presidente da empresa júnior de logística dentro do curso de Engenharia de Produção. O problema era encontrar algo que desenvolvesse o empreendedorismo e encaixasse no seu perfil.

A vontade de seguir pelos difíceis caminhos dos empresários quase o transformou em administrador de um restaurante, mas na hora de fechar o contrato as dívidas e algo escondido no emocional evitaram que a ideia fosse para frente. Faltava o impacto social. Rafael já vinha sonhando em unir o desejo de empreender com a missão de reduzir a pobreza. A filantropia parecia interessante, mas também não completava o processo de gerar negócios. O estudante de engenharia de produção queria o que para muita gente parecia impossível: "Minha ideia era criar uma forma de doação onde o doador não gastasse dinheiro nem tempo." – Confidenciou em uma conversa por telefone. A proposta era quase como criar a máquina que gera dinheiro ou a galinha dos ovos de ouro. Para muita gente parecia inviável. Não era, e Rafael sabia disso.

Ainda durante o curso universitário, pegou um velho caderno de anotações e passou a desenhar modelos que pudessem combinar possibilidades, necessidades e limitações. Foram 30 dias apenas até nascer a ideia do Ribon (que nem nome tinha ainda.

O Ribon é uma plataforma que faz dinheiro nascer e o remete para causas humanitárias. A empresa criou um aplicativo para celulares e envia textos patrocinados todos os dias para os usuários. Cada um recebe uma notificação e, ao ler, a plataforma registra o sucesso do envio. A empresa patrocinadora do texto – interessada em fazer o maior número de pessoas ler a sua mensagem que nem sempre é publicitária – passa a pagar um valor por cada usuário que leu o texto. A cada leitura ou a cada dia na plataforma, a pessoa que tem o Ribon em seu celular ganha um valor simbólico em moeda fictícia (Ribons) e pode destinar às causas que lhe parecerem interessantes: doação de água, alimentos, medicamentos ou atendimento médico.

Resumindo: quem adquire o aplicativo não paga pela instalação nem por mensalidades ou qualquer tipo de taxa. Ao ler o texto patrocinado, o anunciante paga ao Ribon pela distribuição do conteúdo. O valor pago é dividido em duas partes. Uma remunera os custos da empresa. O restante fica indexado a uma moeda virtual e cai na conta do usuário e este destina para o programa que mais lhe agrada. Nos três primeiros meses de operação a empresa limitou em 230 o número de usuários para que os testes pudessem ser feitos, assim como os ajustes necessários. O projeto saiu do papel depois de um investimento de R$ 110 mil.

Eu tive o prazer de ser um dos mentores do projeto Ribon e sigo acompanhando cada passo da equipe talentosa que desenvolveu o aplicativo. Através do app, sozinho, consegui doar 60 dias de acesso a água para uma pessoa, 224 dias de alimentos, 60 dias de remédios e 30 dias de atendimento básico de saúde.

No momento da publicação deste livro, a equipe trabalhava na ampliação do modelo de negócio sem perder a missão e a meta inicial. A tarefa é conseguir gerar um aplicativo que as pessoas amem usar.

"Um dia, a extrema pobreza será erradicada. Para isso acontecer, a ONU conta com iniciativas que ainda nem foram mapeadas. Nós queremos ser uma dessas iniciativas e queremos que nossos seguidores participem da tarefa de eliminação da pobreza."

(Rafael Rodeiro)

Revista Traços

<https://www.facebook.com/revistatracos/>
(Brasília, DF/Brasil)

No auge do período da seca – mais de 100 dias sem uma única gota de chuva do céu – e o que me protegia do sol inclemente era a frondosa copa de uma Aroeira. A mesa do estiloso café da Asa Norte de Brasília estava protegida. Pedi um chá de mate com limão forte o suficiente para lembrar das minhas raízes no sul do país e, bem mais importante do que isso, espantar o sono do meio da manhã. Ao sair, a simpática atendente deixou o cardápio de pães para que eu escolhesse qual das receitas seria devorada com azeite ou manteiga feita lá mesmo. Antes de escolher o que comeria, percebi a chegada de um senhor com olhar calmo e expressão sofrida que, sem dizer nada, mostrou uma capa colorida. Reconheci na hora. Tratava-se de um porta-voz da revista *Traços*.

O projeto é muito conhecido em Brasília. A publicação tem excelente qualidade editorial e gráfica e virou unanimidade entre os leitores pelas fotos belíssimas, textos primorosos e um cuidado ímpar com o que apresenta ao público. É uma obra de arte que chega mensalmente para os clientes nas mesas dos bares, cafés, restaurantes e casas noturnas. Só isso já bastaria para criar uma legião de fãs, mas arrisco dizer que isso é a parte menos cativante do projeto. A *Traços* é vendida por R$ 5,00 por pessoas que enfrentam ou enfrentaram a miséria. Boa parte dos porta-vozes foi cadastrada enquanto morava nas ruas da Capital Federal e lutava contra a violência e contra todos os efeitos escravizantes impostos por uma sociedade sustentada pela lógica da acumulação.

Era exatamente o caso do porta-voz que me apresentava a revista. Aos 53 anos de idade, Edmundo era um homem visivelmente sofrido. Com o lado direito do corpo parcialmente afetado por algum choque, segurava as revistas e as mostrava para os clientes. Tirei os R$ 5 da carteira e entreguei a ele, que sorriu como quem mostra satisfação e disfarça boa dose de medo. A expressão daquele rosto era como um tapa direto na minha cara. Eu precisava entender mais sobre aquela história. Edmundo havia sofrido um AVC e perdido o emprego. Sem ter como se sustentar, foi morar na rua. Conviveu com todo tipo de brutalidades, como se esconder da polícia, apanhar de traficantes de drogas, passou fome e frio até que foi cadastrado pela equipe da *Traços*. Quando nos encontramos naquele café, Edmundo completava quatro meses no projeto. A cada revista vendida, a ONG que mantém o projeto recebia R$ 1 e o porta-voz ficava com R$ 4[43]. Os valores foram suficientes para transformar a vida de Edmundo.

– Quem daria emprego para alguém nas minhas condições? Eu não tinha mais esperanças. Quando peguei a revista para vender, me senti respeitado. Os clientes me tratam bem e os donos dos restaurantes também. Eu já tenho uma mesa no fundo do Armazém do Ferreira (bar muito conhecido em Brasília) onde todo o sábado eles me servem a feijoada. – Comovido, Edmundo enxugou uma lágrima.

---

43 Na época de edição deste livro, a equipe da Revista *Traços* estudava aumentar o preço de venda para aumentar o impacto do projeto.

Com a renda, Edmundo contou que alugou um pequeno cômodo nos fundos de uma casa em Ceilândia/DF e conseguiu comprar fogão e uma pequena geladeira em uma loja de usados. A revista que poderia ser vendida para lucro dos sócios fazia muito mais do que isso. Entregava uma vida nova para ele e para mais de 160 pessoas em situação de extrema vulnerabilidade. Edmundo ganhou um teto, abrigo e respeito.

Tive a felicidade de conhecer bem a história e já me reuni diversas vezes com os idealizadores da *Traços*, seus voluntários e com os porta-vozes. O que mais me chamou a atenção foi os primeiros desejos de consumo dos porta-vozes quando conquistam a primeira renda: escova e pasta de dente, roupas novas ou lavadas.

A *Traços* foi lançada em dezembro de 2015. Nasceu de uma iniciativa semelhante em Buenos Aires – Revista *Ocas*. Em uma viagem para a capital argentina, o jornalista, músico e agitador cultural, André Noblat conheceu o projeto e ficou muito interessado. A partir daí, reuniu-se com o colega de faculdade, Reinaldo Gomes, e a história passou a ganhar vida. Como já mencionei, a revista é ótima, mas a causa é muito maior. A combinação entre o produto e a causa gerou um mercado interessante. As edições antigas da *Traços* já são peças de colecionadores e podem ser vendidas por valores muito superiores ao de capa.

Assim como Edmundo, outros moradores de rua deixaram de ser invisíveis e indesejáveis para conquistarem uma condição mais digna. A ONG que mantém o projeto sobrevive de apoio financeiro através de patrocínios exibidos na publicação. É fundamental ampliar o impacto através de mais modelos de negócios que sejam rentáveis. O aumento do preço de venda é um caminho e outros serão encontrados. A cada nova edição, 10 mil novos exemplares ajudam as pessoas em situação de vulnerabilidade e reforçam a marca que, como dito, é maior do que apenas uma revista de muito bom gosto.

Revista Traços = 165 pessoas passaram a ter comida diariamente.

Peepoople

<http://www.peepoople.com>
(Filipinas, Quênia, África do Sul, República Democrática do Congo, Sudão, Paquistão, Bangladesh, Nova Zelândia, Síria e Haiti)

Neste momento, 40 por cento da população da Terra não conta nem com uma latrina rudimentar. Dois bilhões e seiscentas milhões de pessoas não estão atendidas por redes de saneamento básico. Mais da metade das mortes registradas em campos de refugiados são causadas por doenças ligadas à falta de higiene, que levam à diarreia. A maior parte das vítimas são crianças de até dois anos de idade.

Os números são assustadores. A humanidade criou o smartphone, investiu bilhões ou trilhões em riquezas para ir à lua e não conseguiu universalizar o acesso a um banheiro. O paradoxo é a marca de nossas prioridades. De toda a lista de projetos que mostramos neste livro como exemplos de como as soluções sociais podem ser criativas, o Peepoople é, sem dúvida, o mais curioso. Uma bofetada na nossa cara. A história da empresa começa em 2005, quando os suecos, Anders Wilhelmson e Camilla Werseen, decidiram resolver os problemas oriundos da falta de saneamento básico nas periferias dos países pobres.

O projeto começou pelas Filipinas e com um objetivo que parecia óbvio: convencer os moradores das favelas a não 193 satisfazerem suas necessidades fisiológicas em locais abertos. Para isso, a ideia inicial foi produzir um saco plástico biodegradável para que cada cidadão pudesse ali depositar seus dejetos, que seriam recolhidas para o lixo. Parecia tudo perfeito até os idealizadores depararem-se com dois problemas importantes. O primeiro, de ordem econômica. As pessoas não queriam pagar pelos saquinhos e não havia quem os comprasse para distribuir gratuitamente nas favelas. O segundo foi o poder do hábito. Ninguém parecia interessado em mudar o local onde fazia xixi e cocô.

Depois de estudos e alguma articulação com empresas das Filipinas, nasceu uma solução genial. A equipe do Peepoople descobriu que os dejetos tinham valor comercial no ramo de fertilizantes e que poderiam usar as toneladas de matéria-prima em determinadas linhas de produtos como adubo. Uma nova lógica surgiu alterando completamente o modelo de negócios e isso teve impacto direto na mudança de comportamento. A partir da possibilidade de venda dos saquinhos cheios de dejetos, cada pessoa passou a ser uma fornecedora e, ao entregar suas fezes, recebia parte do valor de venda como renda. Estava fechado o ciclo. As pessoas seriam pagas para gerar a mudança que os idealizadores queriam promover. Em vez de clientes compradores de saquinhos, a população de baixa renda passou a fornecedora de matéria-prima vendida para produção de adubo.

Em alguns locais, os saquinhos são vendidos por moradores da comunidade aos vizinhos que pagam valores baixos e recebem de volta ao devolverem os saquinhos com a matéria-prima. Em outras áreas, a distribuição é gratuita. Em qualquer dos casos, há geração de renda na periferia.

Atualmente, a empresa recebe recursos oriundos das vendas, apoio de instituições internacionais e doações. A cada

US$ 15 doados, a turma do Peepoople garante um ano de "banheiro" para uma criança. Em paralelo a sua operação de distribuição e posterior coleta dos saquinhos, há um esforço para educação das crianças em idade escolar. Em países como o Quênia, onde a população moradora de favelas é enorme, o trabalho é intenso. A meta anunciada no fim de 2017 era entregar 800 mil saquinhos para 20 mil estudantes. A maior favela do país, Kibera, tem mais de 700 mil habitantes.

Com a educação, a empresa está investindo no futuro mesmo que isso signifique matar o próprio negócio. Com hábitos diferentes, talvez, o uso dos saquinhos torne-se desnecessário. Talvez, todo o trabalho da Peepoople pretenda acabar com as condições que a tornam necessária às comunidades. Este é mais um paradoxo do impacto social, onde o ideal é a iniciativa perder o sentido pela eliminação do problema a partir do qual o negócio teve origem.

Peepoople = 1 ano de banheiro seguro a cada US$ 75.

Entre todos os exemplos apresentados, apenas Peepoople e Aravind foram escritos com conteúdo exclusivamente obtido nas páginas eletrônicas das instituições; portanto, informações públicas. Nos demais casos, fiz contato com gestores e responsáveis que revisaram o conteúdo e autorizaram a publicação.

As apresentações estavam quase acabando quando uma chamou a atenção de Marcos. Ele já se sentia desconfortável com o fato de que nenhum grupo havia exibido um projeto que despertasse seu interesse. Será que a visão de administrador estava acostumada ao pragmatismo do mercado e faltava sensibilidade para o novo ramo?

@Economiadobem   #edb_PareceFantasia

Alguma coisa mudou quando um rapaz e uma moça vestidos com jalecos brancos foram para a frente da tela. A ideia era simples e fazia muito sentido. O problema identificado pelos idealizadores do projeto era a falta de atendimento médico para a baixa renda. A demanda era enorme no bairro pobre onde pretendiam instalar o negócio. A primeira etapa seria montar consultórios básicos com o mínimo possível de equipamentos... computadores, balanças, medidores de pressão arterial. O agendamento das consultas seria feito por telefone, página na internet ou por um aplicativo que era um potencial sucesso; dependeria do tamanho do investimento obtido. Ao agendar, aparecer na hora marcada e avaliar a clínica, os pacientes ganhariam pontos que poderiam ser trocados por descontos nos futuros atendimentos ou remédios.

Os primeiros médicos eram estudantes idealistas. Um deles acabava de voltar de uma missão para o Haiti como fuzileiro naval, onde havia visto de tudo entre as vítimas da miséria. Seis médicos iniciariam o projeto com cobrança para a baixa renda. As consultas seriam baratas e parceladas conforme a condição de pagamento. Bastaram 5 minutos de apresentação para Marcos perceber que os números eram muito interessantes. Cada médico faria uma média de 14 consultas por dia, totalizando 84 consultas da clínica toda. O faturamento diário chegaria perto dos R$ 6 mil.

O melhor em tudo, seria o plano de expansão com convênio das farmácias locais para fornecer remédios – até que fosse possível montar a própria farmácia com venda quase a preço de custo – e começar a comprar equipamentos para exames. Já havia um acordo com um laboratório particular que faria alguns exames mais comuns a preço baixo dentro de suas cotas de investimento social. A garantia fora conseguida por um dos médicos sócios da clínica popular, filho do dono de uma empresa de análises clínicas.

Marcos foi contagiado pelos números contundentes da demanda e pelo propósito apresentado pelos dois médicos que faziam a apresentação. Eles eram jovens e demonstravam convicção, conhecimento e demonstravam tranquilidade mesmo quando submetidos a uma sabatina sobre o negócio.

Era o primeiro evento de transformação social do qual Marcos participava. A dinâmica era simples. Projetos pré-selecionados apresentados a uma banca que decidiria por um processo de aceleração coordenado pela Z+Y. Seriam 8 meses de trabalho intenso criando a empresa e depois, uma nova apresentação para captar possíveis investidores. Marcos já tinha seu voto e ao olhar para os colegas, estava claro o vencedor. Os rapazes da clínica social seriam os primeiros acelerados na categoria "Negócios Sociais". Depois de o último grupo encerrar a sua pequena palestra que falava sobre alimentos orgânicos, todos os candidatos foram para uma sala com um saboroso café colonial ao estilo italiano – Zé sempre primava pelo bom gosto e era atento a todos os detalhes. Em 10 minutos os jurados decidiram pelo campeão e puderam sair.

A porta da sala foi aberta e o apresentador do evento falou algumas palavras sobre o potencial de cada grupo. Todos foram elogiados, mas classificados conforme o estágio de seu desenvolvimento. O vencedor não foi divulgado a todos os presentes. O método era mais discreto. A direção da Z+Y era muito cuidadosa com possíveis frustrações que pudesse gerar. Alguns "perdedores" precisavam apenas de pequenas correções e poderiam voltar em rodadas futuras.

Cada grupo recebeu um envelope e todos foram convidados ao salão de entrada para uma hora de conversa informal com boa chance de reforçar o networking. Todos os envelopes eram iguais. Dentro havia uma carta de recomendações para que cada grupo desenvolvesse o que fosse necessário para virar negócio de verdade. Ao final da mensagem, alguns receberam endereços de e-mail de possíveis apoiadores ou pré-aceleradoras que poderiam ajudar no caminho. O grupo de médicos recebeu a seguinte mensagem: "Parabéns. Espero que estejam prontos para o desafio que

197

será enorme. Vocês têm reunião agendada para a próxima quarta-feira. A aceleração começa já. José Roberto Moura."

Marcos já sabia o que fazer. A semana teria uma série de reuniões. Investidores já começariam a ser mobilizados para o financiamento da ideia da clínica. Claro que o grupo vencedor não saberia ainda. O importante era manter o foco e resolver as tarefas importantes para formação do negócio social. Os apoios e patrocínios eram condicionados ao correto cumprimento de cada etapa da constituição do negócio, da estrutura societária ao jurídico, passando por plano estruturado de negócios. Quando todas as etapas fossem concluídas, o grupo seria apresentado aos investidores que já estariam cientes de todas as etapas cumpridas; na verdade, viriam acompanhando à distância desde o início.

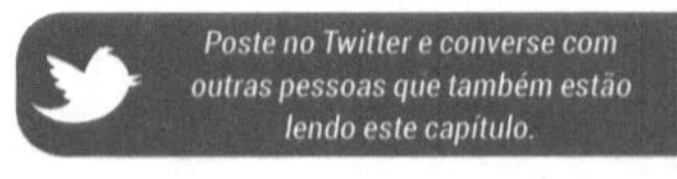

Guilherme Portanova

8

COMO PLANEJAR UM NEGÓCIO SOCIAL?

#edb_ComoPlanejar

Até aqui, falamos sobre conceitos, demandas, possibilidades e exemplos inspiradores. Imagino que o leitor esteja com a mesma dúvida que surge em determinados momentos das palestras que costumo fazer sobre negócios sociais. Leva um tempo para que as pessoas se convençam de que existe um caminho social para resolver problemas gerando riquezas. Inicialmente, na hora dos conceitos e teoria, parece tudo imaginação. Com os exemplos de sucesso, parece que nossos pulmões se enchem de ar fresco. Em seguida, nasce o sentimento de desorientação. "Mas como?"; "Como fazer?"; "É realmente possível?"; "Isso é para seres iluminados". Pode ser para pessoas iluminadas, mas a luz está disponível para todos.

Assim, como nas minhas palestras, vou tentar traçar um roteiro simples e genérico para orientar quem tem o desejo de empreender no meio social e fazer disso um negócio. É bom lembrar que as demandas são muito variadas e cada negócio tem particularidades e seria impossível criar uma fórmula capaz de tornar todas as iniciativas casos de sucesso a partir de uma só receita. Não tenho a menor pretensão de conseguir englobar detalhes específicos de cada ramo. Minha meta é apenas criar uma espécie de roteiro mental ou lógica a partir da qual seja possível estruturar uma ideia; talvez, a sua. Pode ser encarado como um esboço de pontos a serem observados e tratados caso você pretenda começar um negócio social. Vamos aos exercícios que seguem.

Por onde começo?

Inegavelmente, a primeira questão que aparece quando converso com pessoas interessadas em estruturar um negócio social é por onde começar. É hora de tirar o pânico de mente. Não é porque um negócio social já existe que não seja possível atuar na mesma área. Lembre-se que no ramo do impacto social não costumamos encarar outros empreendedores como concorrentes. Quando o objetivo é resolver problemas sociais, cada novo negócio é parceiro e podemos somar esforços para que todos ganhem. Qual a primeira coisa a fazer? Fiz questão de escrever este livro de maneira que a cada página a ótica fosse sendo repetida e consolidada, de forma que se você chegou até aqui, arrisco dizer que já assimilou a primeira etapa, mesmo que ainda não tenha consciência disso. Todo negócio social começa com a visualização e indignação ou desconforto com um problema social. Não precisa ser algo próximo ou escandaloso. Tem que ser um problema.

Quando paramos no sinal de trânsito, vemos pessoas pobres pedindo dinheiro para comer, para comprar roupas, drogas ou para qualquer outra finalidade. Quando ligamos a televisão, assistimos aos noticiários repletos de desgraças das mais variadas – lembre-se que as desgraças mostradas não são o todo da sociedade. Os jornalistas escolhem conscientemente mostrar desgraças, mesmo aquelas para as quais não haverá solução ou a reportagem não ajudará em nada. Fome, falta de atendimento de saúde pública, condições precárias de educação pública, saneamento básico, violência, enfim... estamos em um mundo onde produzimos alguns bilionários privados ao custo da formação de exércitos de miseráveis. Perceba algo que o incomoda. Em geral, o negócio social começa com um sentimento sincero de frustração diante de algo que poderia ser resolvido e não é.

Os governos vivem defendendo cortes de direitos de trabalhadores pobres sob a alegação da necessidade de salvar as contas. Ao mesmo tempo, os titulares dos mesmos governos despejam milhões em campanhas eleitorais mentirosas e pagam juros indevidos ao sistema financeiro. Tudo com adesão e apoio irrestrito dos grandes meios de comunicação de massa. Há uma contradição. Cortar de quem mais precisa é a materialização da injustiça. Não podemos ficar apenas sonhando com transformações. É preciso agir. Tenho certeza de que se você escolheu ler este livro, carrega a semente da mudança. Pense sem pressa em um problema que atrapalha o seu sono ou mexe com o seu conforto. É por aí que vamos começar.

Problema

Suponhamos que você tenha identificado um problema sobre o qual gostaria de trabalhar. Aos seus olhos, trata-se de algo que prejudica a qualidade de vida na sua cidade ou em outro local do Planeta. Resolvido este ponto inicial, precisamos pensar no fim. Qual o objetivo que pretende alcançar? Erradicar a fome, acabar com parasitoses, prover água para comunidades sem rede de tratamento, ampliar a cobertura de saneamento, dar acesso a treinamento, melhorar a renda, salvar mulheres que vivem sob ameaça? Qual a causa e qual o resultado máximo que você gostaria de obter no futuro, caso a sua iniciativa seja bem-sucedida?

Estabeleça uma meta futura. Não é preciso que imagine resultados exequíveis com sua estrutura ou condição atuais; é um exercício de imaginação. Uma vez que eu pretenda engajar pessoas para realizar uma tarefa em nome do avanço das condições de vida, onde seria bacana chegar? O que você gostaria de comemorar daqui a 10 anos ou mais? Reflita sobre isso e vamos ao passo seguinte.

Com as respostas anteriores mais ou menos definidas – nada que não possa ser alterado – responda a principal questão até aqui: Por quê? Qual a real motivação? Aprofunde o seu sentimento em relação ao problema que escolheu e aos objetivos que considera os mais nobres. Entender o propósito de sua escolha é fundamental para que você promova engajamento. As pessoas precisam enxergar o propósito em você. Em breve, poderá estar apresentando o projeto ou defendendo o seu negócio social diante de investidores. Todos os seus gestos, todos os seus movimentos devem convergir para o propósito. Por isso, o problema, os objetivos e o propósito devem estar muito claros. Quando a iniciativa sair do papel, pessoas entrarão no processo e outras sairão e você será a única ligação entre a motivação inicial, o negócio e as pessoas que passam por ele. A clareza sobre o espírito da iniciativa é o que manterá a proposta fiel ao seu nascimento.

Aqui cabe mais uma reflexão que pode ser de grande ajuda. O problema que desperta o seu interesse pode ser algo casual com o qual você se depara de vez em quando e sente desconforto, mas pode ser a expressão externa de algo que tem raízes emocionais fortes. Tenho percebido que quando o problema a ser resolvido é algo com conteúdo emocional forte na vida do empreendedor, a causa ganha mais força e o "Por quê?" daquela ação individual fica claro imediatamente mesmo para aquelas pessoas que desconhecem o seu passado ou suas reais motivações. Há vivências que marcam nossa personalidade e permanecem como sentimento forte, mesmo que não falemos dela ou não estejamos permanentemente lembrando delas. O trabalho que você desempenha hoje pode ter relação com essas motivações geradas na sua formação emocional. Há diversos exemplos evidentes como o de pessoas acidentadas que viram ativistas pela segurança no trânsito ou ex-dependentes químicos que doam suas vidas para alertar jovens do perigo do uso de drogas.

Há também situações onde essa relação afetiva não está tão clara, apesar de tremendamente forte. Gostaria de citar dois exemplos de pessoas que conheço e que terão suas identidades preservadas. O primeiro é um homem que cresceu em uma família muito tradicional com educação rígida. O único momento de encontro entre pai, mãe e filhos ocorria à noite, na mesa do jantar. O pai exigia silêncio de todos durante a refeição. Todos comiam sem pressa e sem diálogos. Ao final, antes de levantar-se e ir para o escritório que ficava no cômodo ao lado, o pai levantava o prato para conferir se havia alguma demanda dos filhos. Caso algum desejasse conversar com o pai, precisava escrever um bilhete explicando o assunto e o motivo do pedido. O único ponto de contato entre pai e filho ocorria através da escrita. O filho cresceu e tornou-se escritor muito reconhecido.

Em outra família com hábitos mais flexíveis, mas também severos, o pai costumava jantar diante da televisão assistindo ao noticiário. Neste momento, permitia que o filho sentasse ao seu lado e comesse prestando atenção à TV. O horário do telejornal era o ponto de contato entre os dois. Por menos afetivo que fosse, o filho reconhecia no conteúdo apresentado pela televisão,

203

algo que prendia a atenção do pai. Não é de surpreender que o filho tenha crescido, estudado jornalismo e tenha ido trabalhar exatamente no noticiário daquela hora do jantar.

Sem qualquer pretensão de traçar perfis psicológicos ou defender qualquer tese sobre relações familiares ou criação de filhos, gostaria apenas de chamar a atenção para o fato de que em muitos casos, o que nos desperta interesse externamente não é a tendência do mercado ou profissões mais valorizadas, mas algo que temos como carga emocional nascida a partir de experiências marcantes. Muito provavelmente, os problemas que incomodem o empreendedor social tenham algo de origem interna também, por mais que a pessoa não vivencie diariamente as condições que pretende combater. Não é preciso passar fome para querer combater a miséria, mas é muito provável que pessoas que tenham sofrido injustiça ou a tenham presenciado tenham maior propensão para querer lutar por um maior equilíbrio social.

Observe o meu caso. Em 2006, fui vítima de um sequestro político em São Paulo. Foram 42 horas passando por três cativeiros e uma boa variedade de ameaças. Tive que negociar como seria a minha própria execução e estive bem próximo de sofrer tortura ou mutilações. Sair vivo foi um alívio. Como vítima do crime organizado e da ação de traficantes de drogas, tinha tudo para me transformar em um defensor do uso de armas por civis, pena de morte, brutalidade policial contra criminosos, mas tive outra formação. Convivi com outro tipo de modelo. Não consigo interpretar o que me aconteceu como uma ação de homens maus contra um "cidadão de bem". É simplista demais. Chega a ser idiota (com o perdão da sinceridade). A miséria produzida pela nossa sociedade de consumo é que gera a crueldade. A partir desta visão, entendo que todos somos causadores dos problemas que enfrentamos. Este entendimento da sociedade como um sistema foi o que me trouxe à militância por um mundo mais justo. Trago os exemplos para que você que chegou até aqui também reflita. Quais as causas que movem a sua mente, a sua vida? Qual o seu "Por quê"?

Passando a fase de mergulho interno nas motivações para o lançamento de uma iniciativa, pense em qual a melhor maneira de combater o problema que você escolheu. Talvez, no segmento escolhido, seja muito difícil comercializar produtos ou serviços e o mais indicado seja fundar uma ONG ou apenas uma campanha. Outras ideias podem, de fato, virar empresa. Há espaço para todo o tipo de impacto social. Além disso, há trabalhos que começam como ONG e viram negócio social posteriormente a partir da entrada de renda. Há iniciativas pontuais, campanhas que dão origem a Organizações Não Governamentais também. A decisão sobre o modelo de atuação serve para reduzir riscos no primeiro momento e para melhor direcionar os esforços na construção do impacto pretendido.

Ao escolher um problema com o qual deseja trabalhar, você vai se surpreender com a quantidade de pessoas tentando o mesmo que você. O Brasil tem uma quantidade enorme de Organizações Não governamentais e grupos informais para combater problemas das cidades. É muito provável que a sua área escolhida já conte com grupos variados em sua cidade. É um ótimo sinal. Criar um negócio é bastante complicado e, na maior parte dos casos e para a maioria das pessoas, o melhor caminho é começar em ações já existentes. Pode ser um grupo de voluntários com reuniões esporádicas ou uma ONG com atividades permanentes. Inicie com o pessoal que já tem o hábito de agir em conjunto e conhece as comunidades onde as ações sociais 205 são importantes. Será um meio de encurtar o caminho e aprender a partir da prática.

Caso você decida partir do zero e não seguir com grupos já existentes, é hora de sair para a rua e testar se a suas hipóteses fazem sentido para a população que você pretende impactar. Um bom começo pode ser preparar um tipo de questionário – nem precisa ser por escrito – e validar a proposta. É preciso que se descubra se os moradores de determinado local precisam mesmo da sua solução. Caso seja algo virtual, é necessário conversar com potenciais clientes do segmento se a sua criação é algo útil para realizar os objetivos. Vá aos locais onde pretende atuar e converse com as pessoas. No caso das periferias, uma tarde de visitas e conversas com lideranças locais pode ajudar muito. Sobre isso, há uma longa bibliografia disponível que vai das metodologias de *startups* enxutas até as Sprints lançadas pela Google Ventures.

Hipótese - A Quéops

Agora, vamos partir para um rápido exercício de imaginação. Lembra do capítulo 4, no qual falamos de preços e sua relação com o impacto social? Chegou a hora de pensar sobre como pode ser criado um negócio social. Claro que as coisas não são tão simples e nem sempre o que imaginamos prova-se viável. Mesmo assim, é bom treinar a maneira de pensar estrategicamente sobre a estruturação do negócio.

Vamos imaginar um determinado modelo de computadores. Suponha que você e eu sejamos sócios numa fabricante de desktops e estejamos sentindo certa insegurança pela queda nas vendas dentro do mercado tradicional. Temos lojas pouco visitadas por clientes e queda nas vendas pela internet. Uma rápida pesquisa nos mostra que podemos tentar entrar na base da pirâmide com computadores de qualidade. Mas como vender por um preço adequado? Na nossa pesquisa, percebemos que a falta de computadores nas periferias é um importante inibidor de capacidades das pessoas. Universalizar o acesso aos equipamentos, poderá aumentar a inclusão e a participação daqueles grupos na sociedade. Vamos analisar esta hipótese como um problema? O que acham de tentarmos divagar sobre possíveis soluções? Já que estamos falando sobre a pirâmide, vamos batizar nossa companhia hipotética de "Quéops Base da Pirâmide" – QBP.

A Quéops nasceu do esforço que tivemos para resolver o problema da falta de acesso a informações à enorme rede de conhecimento que pode ser obtida pela internet (perceba: partimos do problema). As grandes lojas de departamentos já vendem desktops por R$ 600 reais a unidade, mas sem muita capacidade de processamento, velocidade etc. Queremos um computador mais eficiente e com o essencial para navegação rápida, pacote Office e demais funcionalidades para o uso de pequenos comerciantes e estudantes. Suponhamos que sejamos capazes de vender o pacote completo por 650 reais, dos quais 80 reais seriam lucro da empresa. Decidimos ser um negócio social e esses 80 reais por unidade vendida serão totalmente revertidos para aumentar o impacto da empresa.

Investindo na base da pirâmide

Nosso computador é o melhor do mercado no segmento popular, mas tem preço acima do que algumas lojas vendem. Para chegarmos a gerar nosso impacto, precisamos de uma estimativa de vendas e de uma política de financiamento. Num primeiro levantamento, descobrimos que é possível vender 1,5 mil

unidades em uma região metropolitana com 200 mil habitantes –
a conversão pretendida é de apenas 0,75%. O faturamento com
a venda seria de R$ 975 mil; o lucro chegaria aos R$ 120 mil.

Ajudando no pagamento

Com todo esse volume de vendas, poderíamos gerar um fundo
ou captar em um banco de microcrédito os valores para financiar
a venda do computador sem juros em 20 parcelas. Por R$ 32,50
por mês, levaríamos nosso computador aos lares da periferia. Estaríamos entregando em 1,5 mil residências de baixa renda, um
computador de qualidade... Mas não só isso.

Em uma reunião, nosso departamento comercial pode ficar
encarregado de buscar apoio de empresas que queiram chegar
a este público. Uma das necessidades na base da pirâmide é por
qualificação técnica e recolocação no mercado e trabalho. No
Brasil, há faculdades com cursos presenciais e on-line que ado-
rariam ter a oportunidade de chegar às casas de milhares de potenciais clientes. Ao mesmo tempo, agências de emprego têm investido na busca de clientes e geração de conteúdo falando sobre
o mercado de trabalho. Com algum investimento e imaginação,
poderíamos fechar com uma grande faculdade nacional e com
uma dessas agências. Ambas seriam patrocinadoras dos nossos
computadores e teriam participação no projeto. Nossa área de
tecnologia poderia incluir na tela de fundo dos computadores um
banner com a marca dos parceiros. Nosso patrocinador ligado à
educação já prepararia uma série de vídeos sobre profissões e
a agência de empregos ganharia um ícone com um pacote de
conteúdos de orientação para quem comprasse a nossa máquina.
Em troca, receberíamos um valor por equipamento vendido que

aumentaria nosso caixa, sendo revertido em lucro (aplicado no aumento o impacto) ou reduzindo o valor de cada desktop vendido.

Gerando demanda de novos produtos

A demanda por periféricos na região atendida aumentaria com mais usuários de computadores. Uma parceria com a agência de empregos poderia dar a chance de buscar pessoas desempregadas para um ciclo de treinamentos sobre a nossa tecnologia. Essas pessoas poderiam abrir suas próprias lojas e oficinas de assistência técnica para serem representantes da Quéops, revenderem e consertarem computadores no local onde eles são vendidos. Essas pessoas seriam capacitadas e, ao prestarem assistência na periferia, estariam aumentando a eficiência da QBP. Além disso, teríamos representantes que vivem exatamente como nossos consumidores, o que ajudaria muito no processo de desenvolvimento dos produtos futuros e reduziria o investimento em pesquisas de mercado nas áreas onde atuam. Em paralelo, cada representante da Quéops – devidamente treinado – poderia vender equipamentos e programas adequados para os nossos computadores. Com essa enorme faixa de clientes, podemos atrair parcerias com operadoras de internet para que prestassem serviços em parceria levando internet rápida a essas pessoas.

Com o tempo, podemos lançar novas linhas de computadores para a renda mais alta e inserir o subsídio cruzado. Agora, pense nos R$ 120 mil de lucro que poderemos investir em mais treinamento, doação de aparelhos, redução do preço de venda. A demanda que geraríamos ao nosso redor seria poderosa com uma rede que geraria valor na periferia e deixaria seus ganhos por lá. Os comerciantes e microempreendedores individuais poderiam contar com o apoio de nossos parceiros (faculdades,

209

por exemplo) para capacitação em finanças, logística e melhores práticas em diversos ramos de atuação.

A QBP é apenas um exercício de imaginação, mas demonstra a capacidade de geração de riqueza na base da pirâmide. Investir neste segmento, seja como ONG ou negócio social não é apenas uma atitude humanitária. Pode ser um grande negócio. Basta seguir a linha de raciocínio que simulamos na Quéops para perceber que há possibilidade de ligação entre diversos atores já existentes para gerar impacto social. É possível desenvolver mercado específico para quem vive nas periferias sem, simplesmente, transferir o que já se conhece sobre as camadas privilegiadas em termos de renda. O mercado é diferente e é gigante.

Sophie não perdeu nada do conteúdo do concurso. Foi difícil decidir qual o projeto mais interessante. Estava encantada com a energia dos empreendedores sociais que investiam tempo e competência para resolver problemas das pessoas pobres de países distantes. Naquela rodada, apenas ONGs haviam sido chamadas, todas com sede na Europa e com trabalho na África, Sudeste Asiático e América do Sul. A disputa foi apertada. A ONG vencedora levou um prêmio em dinheiro a ser pago conforme as etapas do projeto fossem sendo cumpridas e comprovadas.

A ideia vencedora era interessante, embora não tivesse impactado tanto a plateia logo de início. A Social T-Wins compraria terrenos de particulares ou de governos locais e montaria galpões para treinar moradores de favelas para que explorassem potenciais regionais e gerassem renda. Seria uma espécie de escola técnica aproveitando os recursos da região e os trabalhadores que viviam em condições insalubres. O nome era uma brincadeira com Twins – gêmeos, em inglês, e respeitava o entendimento dos seus integrantes de que temos que gerar um ambiente em que percebamos o outro como idênticos a nós – e com a ideia de que investimentos sociais são fundamentais para vencer a pobreza (to win). O grupo venceu o concurso por pouco e atribuiu a vitória ao aprofundado plano de ação, bastante detalhado sobre cada uma das oito unidades pretendidas.

A meta era começar logo, uma vez que as áreas já haviam sido mapeadas. Os coordenadores da ONG já haviam destacado os voluntários que viajariam e coordenariam o trabalho nas escolas. Cada uma seria montada em um galpão sustentável com coleta de água da chuva, placas geradoras de energia solar e um sistema simples de tratamento de esgotos; tecnologias que por si já seriam bons temas para aulas ministradas aos trabalhadores.

Com algum empenho, poderia ser possível descobrir mercados locais e lideranças na periferia capazes de gerar riquezas com o apoio da organização para construir novas realidades para as comunidades pobres. Esta era a aposta e o tempo já estava correndo.

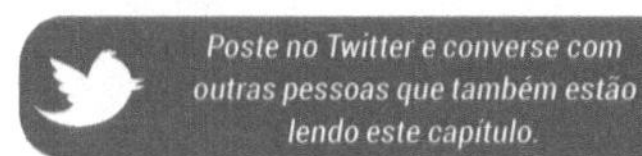

9

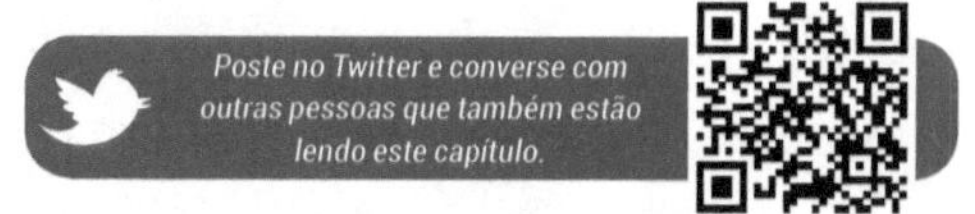

ESQUEÇA A IDEIA DE EMPREGO

#edb_EsquecaEmprego

Há alguns anos, uma jovem norte-americana descobriu que estava grávida depois de navegar com alguma regularidade pela página eletrônica de uma grande loja de departamentos. Não precisou comprar nada. Apenas o interesse por determinados produtos, a sequência de busca e o perfil inicial deram aos robôs que alimentam a plataforma a certeza de que se tratava de uma gestante – os cremes e óleos pesquisados eram típicos itens de consumo de mulheres no início da gravidez. Em seguida, material impresso sobre produtos para mamães e bebês chegou à caixa de correio da família e a descoberta veio em seguida. A loja, antes da mãe, suspeitou da futura chegada de uma criança naquela casa. O robô que processa os dados de navegação e pesquisa soube ainda antes da loja.

Você que está lendo este livro já experimentou a sensação de entrar no site de um hotel ou de uma companhia aérea e, em seguida, passar a receber mensagens de empresas com ofertas de turismo. Não só isso. Ao entrar em determinadas páginas eletrônicas de notícias ou compras, os espaços publicitários disponíveis começam a exibir anúncios sobre o tema que você pesquisou em outro momento e em endereços diferentes. A Tesla Motors – norte-americana fabricante de carros elétricos – consegue atualizar o software dos seus carros e corrigir problemas 213 enquanto ele está na garagem. Como a empresa sabe os momentos em que poderá alterar o programa que controla os sistemas do seu carro sem provocar uma parada inesperada ou gerar um acidente no meio do trânsito? O computador do automóvel armazena dados sobre uso, trajetos e horários de parada. Com isso, é possível fazer manutenção remota de software enquanto o dono do carro está dormindo com o Tesla parado na garagem.

Todas estas novidades são possíveis por causa dos robôs que são muito diferentes da ideia criada antigamente sobre o que viriam a ser estas máquinas a serviço do homem. Não precisamos de equipamentos que imitam o corpo de uma pessoa, com cabeça, braços e pernas. Os robôs estão superando os homens em tudo aquilo que se refere ao processamento de informações. São placas pequenas e sistemas inteligentes que cruzam dados, respondem e são capazes de antecipar comportamentos e tendências. São quase infalíveis.

Imagine cada um dos exemplos que acabamos de mostrar e pense em quanta gente teria que trabalhar para obter elementos que pudessem oferecer a você o que está procurando na internet. Pense na pesquisa por hotéis e passagens. No mercado tradicional, você precisaria ir ou telefonar para uma agência de turismo, dar informações ao agente e, a partir daí, esta pessoa poderia buscar ofertas, oportunidades e experiências que apresentaria ao cliente. Nada muito complexo para uma pessoa do ramo ou um consumidor interessado em planejar as próximas férias. Mesmo assim, aquele atendente teria que contar com informações disponibilizadas pelos departamentos comerciais dos hotéis, pela companhia aérea e todas as demais fornecedoras. Seria uma rede de pessoas trabalhando para tornar as vendas possíveis. Suponha que ao chegar à loja para conversar com o vendedor dos pacotes turísticos, você encontre uma surpreendente fila com 10 pessoas na porta. Um funcionário muito eficiente poderia dar conta de montar propostas para todas elas. E a fila aumenta. Em 20 minutos de espera, chegam mais de 50 novos pretendentes em busca das próximas férias. Quantos atendentes seriam necessários? E se fossem 700 pessoas na mesma fila? É exatamente isso que os robôs podem fazer rapidamente e sem a mesma fila física, mas com uma enorme quantidade de clientes ao mesmo tempo.

Voltando ao outro exemplo, de quantos matemáticos a loja de departamentos precisaria para entender o comportamento de compras da jovem que não sabia que estava grávida? Seria necessário um acompanhamento de longo prazo para entender o histórico de compras da moça, demandas, horários, humor e mais um monte de informações para chegar ao que seria "um modo gestante de compras" e não só isso. Para poder ter um padrão ao qual comparar aquela consumidora, seriam necessários outros inúmeros casos e relatórios capazes de construir um histórico sobre o que poderia ser considerado um comportamento médio geral. A empresa precisaria de um departamento inteiro para tratar os dados e fazer cruzamentos até poder atribuir sentido à compra de um produto. Seria um enorme trabalho para tornar confiável o enquadramento de um indivíduo em uma categoria ou grupo. Mesmo se o método começasse pelo preenchimento de uma ficha cadastral, os dados não seriam atualizados constantemente e, portanto, perderiam a confiabilidade. As pessoas mudam seus hábitos de consumo ao longo de um tempo, pois mudam de interesses e de condições de vida. Por isso, para uma equipe humana calcular e prever, seriam necessárias fichas cadastrais frequentes para cada cliente e análises individuais a

215

cada novo preenchimento. Imagine o incômodo para você se tivesse a tarefa de atualizar informações sobre suas preferências a cada nova compra.

E o caso da Tesla? Como uma concessionária ou montadora de carros teria a possibilidade de consertar um carro sem retirá-lo da casa do cliente? Suponhamos que fosse possível. Teria sido o resultado de um trabalho de dezenas de técnicos para que o trabalho chegasse ao consumidor em condições adequadas de execução.

Em todos os exemplos, o que a tecnologia está nos mostrando é que as máquinas podem trabalhar para o homem em um enorme número de atividades e com muita eficiência e em prazos curtíssimos. O resultado imediato diante desta constatação foi pânico generalizado em algumas categorias de profissões ameaçadas por máquinas cada vez mais capazes. Um estudo do MIT publicado pelo *The New York Times*, mostra que na indústria de manufaturas, a cada robô, seis humanos perdem os empregos e os salários caíram 0,75% em média.[44]

Nos Estados Unidos e no Reino Unido o "DoNotPAy" está causando pânico entre os juristas. Trata-se de um Chatbot, onde o cliente conversa com a máquina e explica o caso para o qual pretende apresentar um recurso. A máquina agiliza o processo e entrega ao cliente um documento pronto para que seja protocolado junto às autoridades. Inicialmente, a máquina trabalhou apenas com recursos de multas de trânsito, mas com tremendo sucesso. Nos primeiros 20 meses de uso, o robô venceu 164 mil casos para seus clientes, com taxa de sucesso de 64%.

Voltemos a analisar os efeitos da chegada dos robôs ao mundo do trabalho de fato. Talvez, a maior revolução recente

---

44 Disponível em: <https://www.nytimes.com/2017/03/28/upshot/evidence-that-robots-are-
-winning-the-race-for-american-jobs.ht ml?mcubz=3>.

em termos de trabalho e automação seja a tecnologia batizada de Watson pela IBM. Ela usa a chamada computação cognitiva, que ajuda as máquinas a pensarem e não apenas processarem dados freneticamente. Um exemplo é o uso em tratamentos médicos. A plataforma contém bibliotecas inteiras e medicina, prontuários médicos de muitos consultórios e consegue cruzar tudo durante uma consulta. A cada resposta dada pelo paciente, diversas possibilidades são eliminadas e outras ganham destaque, orientando as próximas novas perguntas do robô. Na gastronomia, o mesmo cérebro eletrônico consegue combinar os melhores ingredientes para uma receita a partir da composição química e nutrientes com o objetivo de atingir maior qualidade e o prato mais saboroso.

Incrível, não é mesmo? Então, por que o pânico diante de uma ferramenta que – muitos apostam – poderá eliminar humanos de toda e qualquer tarefa que for repetitiva e auxiliar em todas as demais? A resposta não é simples. A questão toda não está no que os robôs farão com os humanos, mas como os humanos se relacionam com o significado da palavra "trabalho". Estamos acostumados a entregar nossa força produtiva em troca de um símbolo que nos permite garantir a sobrevivência.

Trocamos nossa capacidade física e intelectual com alguém disposto a pagar por isso. Ao ser capaz de desempenhar a tarefa, a pessoa recebe um benefício de acordo com a importância que o mercado – leia-se, as empresas – atribui à mesma. Esse benefício é o preço da tarefa desempenhada pela pessoa que detém o emprego. O modo de produção tradicional provê algo dos simples meios de subsistência à acumulação de acordo com a qualidade entregue pelo trabalhador. São vários os símbolos usados para celebrar este acordo. O contrato de trabalho, 217 a carteira profissional e o salário são os mais importantes. Com este entendimento, é óbvio que ao colocar uma máquina para exercer uma tarefa humana estaremos causando desemprego.

Apesar dessa conclusão catastrófica e apressada, precisamos ter algumas perspectivas de médio e longo prazo. Que as máquinas são mais eficientes em tarefas repetitivas, não há dúvida. O mesmo ocorre nas atividades que podem ser previsíveis a partir de dados estatísticos. O que não parece razoável é que a relação **"emprego = sobrevivência"** seja mantida na sociedade que está nascendo. Perdeu totalmente o sentido, a ideia de que para sobreviver precisamos trocar nosso trabalho por dinheiro. No momento em que percentuais enormes de humanos não tenham mais emprego formal onde se apresentar e exercer oito tediosas horas de trabalho, esses desempregados não irão desaparecer. Também não virarão indigentes pelas ruas em multidões de excluídos pela tecnologia. Ainda se isso ocorresse, não seriam exércitos passivos lamentando a fome e sendo comandado por máquinas. Haveria alguma reação que alteraria nosso modo de produção e abalaria a estrutura social.

É razoável pensar em uma nova dinâmica produtiva. O trabalho do humano gera valor a ser comercializado. Os robôs também geram riquezas e em maior escala. As máquinas não precisam receber salários, plano de saúde, auxílio-alimentação e demais encargos que variam de país para país e de empresa para empresa. Uma vez que as atividades das máquinas continuam gerando valor e consomem menos recursos, é óbvio que parte do valor gerado na atividade informatizada deverá ser revertida sobre o todo da população. Talvez, as próximas gerações já experimentem um mundo onde recebe-se valores adequados à sobrevivência pelo simples fato de se estar vivo.

"O sistema educacional repete: 'você tem que trabalhar duro'. Seres humanos não nasceram pra isso. O ser humano é cheio de poder criativo, mas o sistema o reduz a mero trabalhador, capaz de fazer trabalhos repetitivos."

(Muhammad Yunus – Revista *Trip*)[45]

Em janeiro de 2017, a Finlândia começou um programa de renda universal mínima. A ideia é estudar os efeitos do pagamento de EUR 560 por mês para qualquer cidadão residente no país. Independentemente da renda, se tem ou não ocupação, de ser aposentado ou estudante, este mínimo comum seria um patamar a partir do qual o morador do país poderá pensar suas atividades. Primeiramente, o finlandês poderá reduzir as horas de trabalho assalariado em troca de mais descanso ou contato com os filhos. Poderá continuar trabalhando e planejar algum investimento, por exemplo. A escolha do cidadão depende das condições individuais. Coletivamente, observamos um importante indicativo: já temos governantes estudando a desvinculação entre trabalho e sobrevivência. Uma vez que a renda do país esteja garantida pelos impostos e demais fontes de receitas estatais, a nação pode ser uma grande equalizadora das diferenças, desde que a principal tarefa atribuída ao governo deixe de ser a promoção do lucro do setor privado. Lembre-se: a humanidade produz, atualmente, riquezas suficientes para todos. O problema é a concentração de renda e a dinâmica cumulativa da desigualdade. Portanto, esqueça a ideia da falta de recursos e escassez.

Agora pense em outra questão. Se sem sair de casa, você recebesse parte do que ganha ou o mesmo salário, trabalharia em algo que não acredita ou não se sente motivado? Enquanto

---

45 Disponível em: <http://revistatrip.uol.com.br/trip/o-banqueiro-dos-pobres-muhammad-yunus-propoe-uma-nova-logica>.

setores mais conservadores encaram a proposta como um estímulo à preguiça e à perda de interesse[46], há o inequívoco efeito de libertar as pessoas para fazerem o que gostam e assim, aproveitarem plenamente os seus talentos. A sociedade como um todo só pode ganhar com a coletividade fazendo aquilo que gosta e entregando aos outros aquilo que cada um tem de melhor.

Atualmente, não temos empregos suficientes para a população mundial. E nem qualquer perspectiva dentro da lógica do trabalho. As oportunidades para ingressar em empresas são menores do que a demanda. O mesmo ocorre com as possibilidades de educação e treinamento. Para quem nasce nas camadas naturalmente aceitas onde se qualifica de verdade, o caminho é razoavelmente seguro. Quem está fora e precisa de amparo não tem saída. Não receberá formação de qualidade, não terá oportunidades, nem renda, morará em bolsões de pobreza e sofrerá com a vulnerabilidade de sua condição social. Raras exceções serão as de pessoas que por algum motivo rompem com esta lógica e conseguem sair da periferia para as classes mais altas. Tais casos acabam servindo de argumento para teses conservadoras, como as que pregam a defesa irrestrita da meritocracia como se todos partissem de condições justas.

Com uma estimativa de chegarmos a 10 bilhões de habitantes em cerca de 20 anos, o quadro agrava-se muito. No sistema tradicional, bilhões de pessoas não terão como sobreviver. Não terão de onde tirar renda. Por isso, a obtenção dos meios de sobrevivência não poderá estar ligada a emprego. É preciso

---

46 Aqui cabe a sugestão de dois autores com fundamental contribuição sobre a formação de nossa ideia sobre trabalho e desenvolvimento. Refiro-me a Celso Furta, em *Formação econômica do Brasil*, e Max Weber, em *A ética protestante e o espírito do capitalismo*. No primeiro há um aprofundado relato sobre a origem da pobreza dos escravos libertos no Brasil, que aceitavam trabalhar apenas as horas suficientes para garantir recursos à sobrevivência, e não o desejo de longas jornadas de trabalho para gerar poupança ou capacidade de investimento. Na segunda obra, Max Weber trata da ascese protestante que prevê o trabalho e a justa acumulação, também, como formas de realizar o bem; ética puritana do trabalho.

desvincular o trabalho de sua função como provedor de renda e fonte de sobrevivência. Além disso, precisamos repensar a questão do dinheiro. Nossa prática faz com que usemos a moeda como ferramenta de transferência de valor. Ela vale para premiar o investimento acumulado dela mesma através de juros e rendimentos e, ao mesmo tempo, para salvar alguém da fome. O mesmo instrumento corre em nossa sociedade dentro de um fluxo próprio e regras definidas. O problema é que no momento em que o dinheiro pode ser acumulado, está claro que quem pode acumular tirará meios daquele que não consegue reter na mesma medida. Em outras palavras, estamos em um aquário, onde alguns conseguem reservar mais água do que outros.

É a hora de reescrever a dinâmica de premiação pelo mérito. É importante ter como acumular, desde que não seja o mesmo instrumento usado para garantir a sobrevivência das pessoas. Não há outro caminho. Só podemos admitir que continuemos com o dinheiro como único meio de premiação, caso a sociedade intervenha evitando a acumulação exagerada. Teremos que admitir a mudança nos mecanismos financeiros ou condenaremos bilhões de pessoas à miséria irreversível; pois já dizia o ditado que "dinheiro atrai dinheiro". Quem tem acesso aos melhores meios de investimento, pode "colocar o dinheiro" para trabalhar por si e comprar os mecanismos para não permitir que sua fortuna seja distribuída.

A validade do atestado havia terminado há uma semana, mas Elson não tinha motivos para voltar ao trabalho. Eram muitas horas por dia perdidas no transporte entre a periferia onde morava até o centro da cidade, onde trabalhava. Recebeu o carinho dos colegas logo depois de chegar do hospital onde ficou cinco dias internado, mas para a companhia era apenas um número. O tempo hospitalizado

221

deu a Elson uma sensação de que não estava preso à rotina, embora precisasse do salário para manter a família.

Já em casa, em Águas Lindas de Goiás, decidiu não voltar a ser servente de limpeza. Conversou com a esposa e ambos concordaram que dariam um jeito até que ele conseguisse um trabalho que não exigisse tanto deslocamento. Caminhando por aquela rua de terra vermelha, o desempregado avaliava como estava feliz. O fato de não precisar acordar antes das 4h da manhã e poder sentir o sol na pele em vez do uniforme já eram motivos de alegria. Tinha mais... algumas horas com os filhos eram uma recompensa que ele jamais imaginou sentir tanto. A esposa era uma companhia abençoada. Lutava ao lado dele em todas as frentes e não estava preocupada com o dinheiro que ele poderia perder ao pedir demissão. Queria ver o marido cheio de vida.

Com a cabeça cheia dessas emoções e com um semblante mais calmo, Elson estava voltando para casa depois de se inscrever em um curso técnico gratuito promovido por um Instituto mantido com verbas públicas. O curso duraria seis meses e daria uma nova profissão. Na verdade, poderia ser o caminho para encontrar algo interno que parecia um talento adormecido.

O ex-auxiliar de limpeza gostava de cuidar dos outros. Na infância dizia que queria ser mecânico de pessoas. Consertava bonecas das irmãs e os brinquedos dos amigos. Elson queria curar. Do problema que sofreu, restou apenas um pequeno reflexo muscular no braço esquerdo, que às vezes puxava em direção ao corpo; quase como um tique. E, claro, ficou a marca profunda de que a vida precisa ser aproveitada. Pena que quase tenha esgotado a saúde para descobrir o que deveria ser a lição diária na vida de cada um.

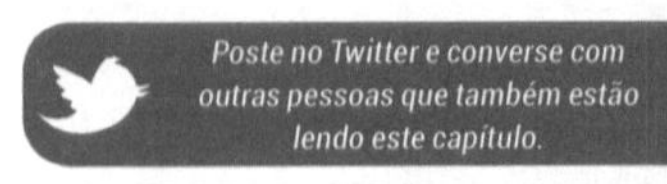

10

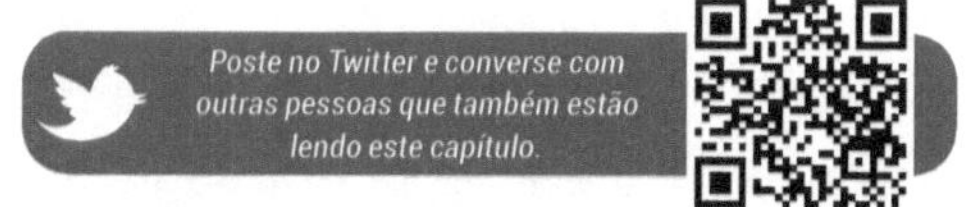

QUEM PODE ME AJUDAR?

#edb_QuemPodeAjudar

Os empreendimentos com impacto social estão crescendo organicamente no Brasil, fenômeno que vem ganhando volume principalmente a cada nova iniciativa de sucesso. Na verdade, o mundo inteiro tem parado para assistir a transformação causada pela economia social. A cada nova ideia ou negócio, o setor consolida-se e ganha confiança até dos mais céticos fieis ao modelo econômico tradicional. Novos casos de sucesso ajudam a construir a escada na qual todos podemos subir rumo a uma sociedade mais justa.

Atualmente, não precisamos lutar sozinhos nesse caminho complicado do empreendedorismo social. Há instituições criadas para dar suporte às ideias que viram negócios lucrativos ou àquelas que não se sustentam economicamente, mas que sobrevivem pela relevância nas comunidades onde estão estabelecidas.

Meu caminho começou com leituras. Inicialmente, contratei um mentor, e a ele agradeço sinceramente pela iniciação que só foi possível pelo trabalho dedicado e competente. Yuri Suertegaray Bandeira vivia no Canadá nesta época. Com ele, comecei um pacote de mentoria para desenvolver um negócio social. Nas sessões, descobri Yunus e outras leituras importantes até que fiz meu primeiro curso voltado ao impacto social na Artemísia, uma das mais importantes agências voltadas ao combate à pobreza.

Artemísia

A Artemísia é a pioneira em apoio aos empreendedores sociais no Brasil. A aceleradora está sediada em São Paulo. São 12 anos de atividades e, em seis anos, apoiou mais de cem iniciativas que passaram por aceleração e 51% chegaram a receber aporte financeiro para desenvolver o negócio; com uma transferência total de R$ 79 milhões. A ideia é a mesma de toda uma comunidade que se espalha pelo planeta: criar um novo modelo de desenvolvimento a partir do entendimento de que o setor privado tem papel fundamental na construção da justiça social. Na avaliação de seus gestores, a Artemísia já deve ter alcançado 30 milhões de pessoas com os empreendedores que passaram por seus programas.

Para ser acelerado na Artemísia, é preciso ter um negócio com potencial para gerar impacto social intencionalmente. O empreendedor precisa desenvolver produtos ou serviços intencionalmente voltados para a baixa renda, potencialmente escalável, rentável (para eliminar a necessidade de doações) e ter uma postura responsável e ética. Até aqui, o modelo tem muita semelhança com o defendido por Muhammad Yunus. A diferença está no destino dado aos dividendos. A Yunus exige que todo o lucro da operação seja reinvestido para aumentar o impacto do negócio (os investidores podem receber dividendos até que obtenham o retorno do valor investido inicialmente no negócio).

No caso da Artemísia, pode haver distribuição de dividendos entre os sócios, desde que os critérios sejam claros e considerados éticos pela equipe que avalia a proposta. Em geral, os negócios de impacto social no Brasil usam a distribuição de dividendos como estratégia para captar recursos. O entendimento é de que oferecer a oportunidade de lucrar a partir de um investimento inicial pode ser mais eficaz na captação de parceiros do que simplesmente oferecer a chance de atingir um propósito.

Uma pergunta muito comum quando tratamos de aceleração e impacto social é "como avaliar o impacto?" ou "o que é considerado impacto social?". A Artemísia tem critérios claros para mensurar o que seus parceiros estão desenvolvendo. Para ela, causam impacto social os empreendimentos que reduzem custos de transação, oferecendo produtos e serviços mais baratos para a baixa renda; reduzem condições de vulnerabilidade; ampliam a chance de ganho de renda; dão oportunidade de qualificação e desenvolvimento; fortalecem a cidadania e direitos essenciais.

Para poder contar com a ajuda da Artemísia, o empreendedor precisa ter um negócio. Uma ONG, mesmo com potencial para vender produtos ou serviços está fora dos requisitos para ganhar aceleração ou apoio da agência. Para definir o conceito central da Artemísia basta apresentar o lema com o qual seus profissionais e parceiros estão habituados: "Entre ganhar dinheiro e mudar o mundo, fique com os dois." Os números sustentam o lema. No Brasil, o mercado de educação está estimado em R$ 60 bilhões de reais por ano, com 85% dos estudantes do país matriculados em escolas públicas. Já o mercado de saúde pública consome R$ 240 bilhões de reais por ano, sem conseguir dar conta da demanda. Para quem quer começar a entender essa nova economia, pode optar por um curso on-line de iniciação da Artemísia.

> **"Entre ganhar dinheiro e mudar o mundo, fique com os dois."**
>
> (Artemísia.org)

O dia estava muito quente, mas o calor não parecia atrapalhar. Francisco desceu o carro e entrou no prédio com a pasta embaixo do braço. O mais importante era o pen drive que levava no bolso. O passo era o mesmo, o semblante tranquilo de sempre, mas a sensação era completamente diferente. Sorriu mais no caminho. Estava leve. O modelo de negócio estava pronto e o peruano dos milhões estava convencido de que seria um sucesso. Quando estava no elevador, sentiu vibrar o telefone. Era Ludmila. Atendeu, ouviu e respondeu: "Já estou no prédio. Vou direto para a sala preparar a apresentação... fique tranquila. O que tenho aqui responderá a todas as suas perguntas." – Desligou e respirou fundo já acostumado ao colarinho frouxo.

Francisco era homem de muitos argumentos e poucas palavras. Havia treinado o suficiente para apresentar conteúdos consistentes em frases curtas e um discurso direto e bem articulado. Usou apenas a tela de apresentação e a cada clique no teclado, um novo elemento aparecia. O primeiro foi uma casa pequena desenhada com traços infantis. "Nosso negócio começa com uma casa na periferia. Imaginem como uma unidade de recebimento de resíduos" [clique].

A calçada em frente à casa ganhou cor e apareceu um boneco stickman carregando uma caixa. "Ao levar o lixo separado em seco e orgânico, o morador da região ou qualquer pessoa, terá os resíduos orgânicos pesados numa balança e o valor lançado no sistema." – Continuou [clique].

Na tela apareceram uma balança e um valor de R$ 2,50 [clique]. "Os resíduos orgânicos vão para uma espécie de biodigestor, gerando gás ou energia elétrica e adubo orgânico rico em nutrientes. O seco será vendido por nossa unidade à indústria" [clique].

Aparece um aplicativo com o nome do entregador do lixo, "Palito" e seu saldo depois de 25 dias: R$ 98,00. "Iremos estimular a população a separar o lixo e entregar

226

corretamente. Pagaremos por isso. E melhor: pagaremos menos do que teríamos com custo de caminhões para a coleta. As pessoas virão porque poderão sacar o dinheiro e somar pontos em um programa de fidelidade. Cada cidadão terá o potencial de ser sócio da empresa. Quanto maior o volume coletado, maior o pagamento que receberá, maior o faturamento e maior o nosso impacto" [clique].

Palito sorri, a casa ganha cores no telhado, cresce uma árvore e a grama ao lado da calçada e Francisco conclui: "Teremos a chance de impactar diretamente na renda das regiões onde a pobreza é maior e há mais lixo. Um zelador de um condomínio com muitos apartamentos poderá fazer pessoalmente a entrega e ganhar dinheiro. Um desempregado poderá fazer a coleta na sua rua. Parte do nosso lucro poderá aumentar o dinheiro disponível nas comunidades pobres, mas pode também servir para organizar jardins e hortas públicas para que as pessoas cuidem do lugar onde moram." Francisco percorria com os olhos a fisionomia do grupo e percebia que tinha acertado na fórmula. "As pessoas pagam por produtos e jogam parte deles fora. Nosso piloto pode começar em uma região pequena com 500 habitantes onde teremos 500 potenciais fornecedores. Podem também optar por ter 10 mil ou 1 milhão. Cada entrega será um passo rumo à cidade que pretendemos construir com ambiente limpo, pessoas agindo ativamente por sua comunidade e justiça social." – Concluiu [clique].

Na tela, apareceu Palito, uma lâmpada acendeu sobre sua cabeça. O boneco pegou a lâmpada retirou do alto e colocou na caixa com a marca sugerida para a empresa. Cinco moedas saíram da caixa em troca da entrega.

Yunus Negócios Sociais

A missão da rede Yunus é disseminar o conceito de negócios sociais criado pelo seu fundador e Prêmio Nobel da Paz, Muhammad Yunus. As iniciativas da Yunus ganharam tanta visibilidade que além de estimular a adoção de uma nova forma de fazer negócios, também passou a funcionar como aceleradora ou agência de desenvolvimento de empresas e de empreendedores. No Brasil, conta com uma sede em São Paulo e alguns representantes espalhados em algumas capitais.

Qualquer negócio social pode passar por aceleração da Yunus e até receber investimentos. Para isso, é preciso passar pela avaliação do comitê interno que tem como critérios: a urgência da solução do problema social; impacto a ser gerado; plano de negócios e sustentabilidade financeira; equipe; escalabilidade ou replicabilidade da iniciativa. A Yunus recebe propostas para os seus processos a qualquer momento, não é necessário fazer inscrições em determinados períodos. Basta encaminhar o pedido e aguardar a avaliação.

Para ampliar o entendimento sobre os negócios sociais, a Yunus possui programas para escolas e universidades a fim de construir, com estudantes e professores, novos conceitos sobre o modo de fazer negócios, afinal, as condições atuais não são as únicas possíveis. A exemplo da Artemísia, a Yunus oferece a oportunidade de aprender on-line. São duas modalidades de cursos onde cada aluno que paga pelo pacote fornece o mesmo produto a outro que não tem renda para comprar.

A Yunus mantém suas atividades através da venda de consultoria, palestras e com os cursos vendidos. Além disso, recebe apoio de empresas privadas afinadas com os propósitos dos negócios sociais. O dinheiro que sobra em sua operação acaba reinvestido para ampliar impacto, uma vez que a Yunus não segue o princípio "casa de ferreiro, espeto de pau"; a matriz mundial dos negócios sociais opera, claro, como negócio social.

A turma chegou cedo naquela manhã e pediu que Daren deixasse o carrinho de lado. O catador e outros 13 vizinhos foram convidados a caminhar até a rua larga mais próxima de casa. Só concordaram com o convite porque eram os mesmos jovens estudantes de sempre. As pranchetas estavam a postos e as canetas na mão. Anotaram a lista dos poucos alimentos de que as famílias dispunham no café da manhã. As crianças queriam ir junto, mas tiveram que ficar. Shaira não disfarçou o descontentamento, mas o pai prometeu contar tudo na volta e ela teria algumas horas para ajudar a mãe com os irmãos.

Ao final da rua, todos embarcaram em uma van prateada e com vidros escuros. O motorista desceu para abrir a porta de correr. Identificou-se como funcionário do governo local e disse que teriam 10 minutos, com ar-condicionado, até o destino. A viagem foi rápida mesmo. Ao descer, Daren e seus colegas encontraram um enorme terreno que ficava ao lado da estrada de terra por onde chegaram. O lote estava limpo, cercado e tinha uma espécie de galpão, construído com paredes de blocos de concreto que não chegavam até o teto. Entre a parede e a cobertura de telhas grandes ficava uma parte aberta para diminuir o calor. O piso era de concreto claro bem nivelado. A obra era recente, mas ninguém sabia dizer do que se tratava.

Já dentro do galpão, cada um sentou em uma cadeira e todos aproveitaram o lanche com sucos, frutas e sanduíches. Cada um levaria para casa um kit com lanches para a família. Todos estavam desconfiados, mas não conseguiam conter o riso e a curiosidade. Os estudantes pareciam eufóricos. Sorriam sem parar para os visitantes que não sabiam 229 *nem por que estavam naquele lugar. Em seguida, uma senhora de cabelos grisalhos apresentou-se como professora da faculdade de economia e todos fizeram silêncio.*

– "Nos últimos meses vocês têm recebido em casa esses estudantes. Ninguém explicou o motivo das visitas e o porque de tantas perguntas, mas hoje vocês vão saber. Vocês foram selecionados para um programa de treinamento e as vidas de vocês vão mudar rapidamente, caso aceitem o desafio." – Explicou a professora com sotaque britânico, fala calma e um tímido sorriso. Parecia sincera e ganhou a todos rapidamente.

Em menos de 15 minutos estava tudo explicado. Os catadores selecionados estavam dentro de determinados perfis procurados pelas faculdades. Eles formariam uma empresa, onde todos seriam sócios, trabalhadores e remunerados. O trabalho de fato começaria assim que as últimas obras ficassem prontas e os documentos fossem finalizados.

– "De quem é o galpão e o terreno? Para quem vamos trabalhar?" – Perguntou uma catadora ainda um pouco desconfiada.

– "O galpão e o terreno foram comprados por uma ONG e serão doados à empresa que será criada com as pessoas, entre vocês, que aceitarem participar." – Explicou a professora. "Os alunos acompanharão o trabalho e darão o apoio em todas as áreas, como contabilidade, impostos, leis e comercialização, mas o negócio é de vocês." – Concluiu.

A apresentação com perguntas e respostas continuou por mais de uma hora. A Cocoa SB (Social Business) estava sendo criada. O nome havia sido escolhido pelos próprios integrantes e exploraria uma das riquezas nigerianas. O país é um dos maiores do mundo em produção e exportação de cacau. O fruto é colhido e, na plantação, a casca removida fica jogada no chão. Como são ricas em potássio, podem contaminar o solo quando em grande quantidade. A proposta da Cocoa SB seria coletar essas cascas gratuitamente, triturar em máquinas bastante simples e compostar em volumes grandes. O resultado é um adubo poderoso a ser comercializado. Algumas experiências mostram que o composto do cacau pode reduzir em até 70% o adubo mineral a ser comprado pelos produtores e a oferta de matéria-prima seria farta. A cada tonelada de amêndoas de cacau são jogadas fora 8 toneladas de cascas.

– "Eu tenho outra ideia." – Interrompeu, Daren – "Por onde eu passo com meu carrinho recolhendo lixo, há muitos cocos jogados no lixo. Poderíamos triturar para vender a fibra de coco?"

Estava criado o conceito e as máquinas para moer os produtos funcionariam dali a alguns dias. Os antigos catadores haviam sido transformados em empreendedores com renda definida a partir de uma agroindústria de fibra de coco e adubo de cacau. Dos ricos fazendeiros às pessoas que cultivam plantas em vasos nos apartamentos, todos poderiam ser clientes da Cocoa SB. Daren parecia um menino. Queria voltar logo para casa para contar à família. Ele fez as contas e percebeu que com a nova renda que viria, seria possível alugar uma casinha pequena mais perto do galpão. O barraco e a falta de perspectivas haviam ficado para trás.

Vox Capital

Um dos maiores problemas para o empreendedor é acesso ao crédito. No caso de quem pretende gerar impacto social, não é diferente. Nossa sociedade vive dentro dos padrões do mercado tradicional tremendamente ligado à acumulação e de onde é difícil conseguir recursos para aquilo que não represente lucro imediato e em volumes crescentes. Como dissemos, os negócios sociais nascem – como as empresas tradicionais – para gerar lucro. A diferença é o que será feito com o lucro obtido. Se para uma empresa tradicional é difícil manter-se e vencer os desafios, para alguém que propõe reversão de lucros para melhorar a sociedade a tarefa tende a ser ainda mais complicada.

A Vox Capital foi criada exatamente para isso. A empresa nasceu em 2009 como gestora de investimentos voltados para o impacto social. A ideia central é muito parecida com as da Yunus e Artemísia: é possível fazer negócios e gerar ganho para o todo da sociedade, e não apenas para quem negociou. Os empresários podem ser agentes de transformação em uma sociedade tão rica, mas com tantas desigualdades.

Na prática, a Vox capta recursos para apoiar empresas inovadoras com tecnologias para melhorar o atendimento de saúde, educação e serviços financeiros. Em apenas sete anos de atividade, a empresa lançou dois fundos e está entre as 50 maiores do mundo em investimento de impacto. São três os pilares que orientam as atividades da Vox: desenvolvimento do potencial humano, melhora da qualidade de vida e do bem-estar e construção de novos paradigmas em serviços financeiros.

**"Sonhamos em mudar o mundo. E sabemos que fazer
é melhor que sonhar. Então, fazemos."**

(Portal Vox Capital)

Envergonhado, João Raimundo não quis admitir. Naquela manhã foi à padaria apenas conversar com os amigos. Disse que havia tomado café da manhã em casa e que não estava com fome. A verdade era que estava cortando todos os gastos possíveis. Reduziria até mesmo na sua alimentação para preservar ao máximo a comida da esposa e dos filhos. Eles pareciam não perceber o esforço e isso o desapontava. Fato era que João Raimundo sentia-se pressionado pela função de garantidor do sustento da família. Isso o impedia de pensar em qualquer ousadia ou mesmo de descansar. Precisava trabalhar para manter o mínimo de atendimento em casa e não havia trabalho. O peso das contas deixava a esposa insegura. Não havia como negar que a relação estava abalada pelas necessidades e pela dificuldade da esposa em reconhecer os esforços do marido.

Depois de uma conversa não muito animada no balcão da padaria, João decidiu voltar para casa. No caminho de volta, parou em frente a um terreno de esquina onde uma equipe de pedreiros trabalhava em uma reforma. Quem sabe não haveria alguma vaga temporária? Conversou rapidamente com um rapaz responsável pela obra. O jovem simpático informou que o trabalho estava quase concluído e não havia vagas, mas que a empresa que se instalaria no local estava recrutando pessoas. João nem quis saber qual seria o ramo. Era trabalho e bem perto de casa. Pegou o telefone de contato e imediatamente fez a ligação.

Não era comum a chegada de novos negócios na vizinhança. A vaga oferecida era para recepção e atendimento na empresa que teria sua primeira unidade na periferia. Ao apresentar-se por telefone, João Raimundo foi informado de que a seleção seria feita em uma semana no endereço onde ele estava; sede da empresa. O pressentimento era bom. João jamais abandonava a energia e a esperança. Em alguns dias teria uma oportunidade e não iria desperdiçar.

Porto Social

Cada país tem seu potencial e suas riquezas e elas são muito variadas. Há diferenças importantes mesmo se compararmos cidade com cidade dentro de um mesmo país. O que não varia tanto assim são os problemas. Saúde, segurança, trabalho, meio ambiente, educação são desafios comuns para a maior parte das nações pobres e em alguma medida, afetam também os ricos.

O que as últimas duas décadas estão mostrando é um avanço na capacidade de disseminação das soluções positivas. Passamos da esfera da colaboração política entre organismos oficiais (organizações-governo ou governo-governo) para atitudes diretas entre pessoas. É cada dia maior o número de iniciativas que nascem em um país e acabam sendo aplicadas no outro.

O caso de Bangladesh é emblemático, com Yunus criando um modelo de negócios capaz de impactar positivamente em problemas que pareciam insolúveis. Evidentemente, a receita bengalesa não vai se aplicar a todos os casos ou todos os lugares, mas vem servindo de modelo para o mundo todo e, com adaptações ou não, podem ser seguidas. Fato é que o modelo de combate dos problemas sociais está sendo estudado e aplicado em boa parte das sociedades que precisam de respostas urgentes.

É preciso que cada comunidade encontre suas próprias respostas e isso significa conhecer o que está acontecendo e adaptar o que for possível para o seu contexto local. Faço esta introdução para chamar a atenção para um projeto revolucionário das condições sociais que está acontecendo no Estado de Pernambuco, Brasil, e que vem sendo liderado pelo meu amigo, Fábio Silva, criador da Porto Social.

A Porto Social funciona como uma central de iniciativas que melhoram as condições da região onde atuam. É uma ONG que está reescrevendo a história da ação social no Brasil e serve de exemplo para o mundo todo. A grande descoberta da turma liderada por Fábio é que as ONGs têm enorme potencial de prestar serviços para empresas privadas e governos. Elas estão inseridas em comunidades cheias de problemas (e onde governos e empresários, muitas vezes, não conseguem chegar ou chegam, mas são pouco eficazes), com populações enormes e que podem gerar ideias importantes; inclusive em termos financeiros.

Um caso de rara criatividade foi o de uma equipe de futebol da primeira divisão do campeonato brasileiro que sofria com a violência nos estádios. A rivalidade das torcidas organizadas não é exclusividade do Estado de Pernambuco, mas lá uma ideia foi muito bem-sucedida. Após uma partida onde um torcedor morreu na arquibancada, a direção do clube chamou o pessoal da Porto Social para discutir o que poderia ser feito para reduzir a violência gerada pelas partidas de futebol. Do encontro das ONGs com a diretoria da equipe, nasceu a ideia. Os integrantes das organizações fizeram visitas às casas dos torcedores cadastrados nas torcidas organizadas e contrataram as mães dos líderes dos torcedores como seguranças. Elas começaram a ir aos jogos ao lado dos filhos. Com isso, a arquibancada, predominantemente jovem e masculina, passou a ter um número enorme de senhoras, às quais todos queriam proteger de qualquer tumulto. O caso foi um sucesso e os ganhos em termos de imagem e até em redução de gastos foi grande.

Em outro momento, uma empresa do setor de energia procurou a Porto Social para saber como reduzir custos com as ligações clandestinas de luz. As perdas eram de duas naturezas: muita gente usando a energia sem pagar e outras tantas fazendo ligações sem equipamentos de segurança e sofrendo acidentes; alguns, fatais. O prejuízo era grande, uma vez que a responsabilidade pelos acidentes acaba sendo da empresa concessionária. A maioria esmagadora das ligações clandestinas está nas periferias, onde a empresa teria dificuldade para sensibilizar os moradores. Entretanto, essas localidades são berços das ONGs. 235

Usando muito menos dinheiro do que o prejuízo pelos acidentes, as organizações iniciaram uma campanha para reverter o quadro. Os resultados finais só estarão claros daqui a alguns anos, mas o que podemos concluir desde já é que a ação de organizações não governamentais gerou valor para a empresa e reduziu o prejuízo financeiro. Leia-se: prestação de serviços, gerando dinheiro.

Qualquer pessoa com um projeto ou negócio que faça bem à comunidade – leia-se: combata problemas sociais – pode procurar a Porto Social. As empresas privadas também têm espaço, assim como representantes do Poder Público. Na Porto, todos podem passar por mentorias, imersões, usar o *coworking*, fazer cursos e o melhor: podem somar esforços para que a solução de um gere valor para os demais, de forma que todos ganhem. De fato, é um local onde geram-se negócios por meio de serviços, produtos que acabam atraindo investimentos ou apoio para as iniciativas. Até hoje, quem promoveu políticas públicas de cunho social foi o governo. A Porto Social está se transformando em uma agência privada que substitui e até coordena a ação do Estado, trabalhando para ampliar o seu alcance e abrir representações em todas as capitais brasileiras.

Não havia rotina leve. O plano entre Elson e a esposa, Karolayne estava fechado. Ele faria o curso profissionalizante que duraria seis meses. Até lá, teria que conseguir algo para não inviabilizar o sustento da família. Por sorte, encontrou a duas quadras de casa uma obra que precisava de ajudante. Elson não tinha grande experiência na construção civil, mas era trabalhador e foi aceito na reforma do imóvel. A empreitada duraria cinco meses aproximadamente. Pelo que tinha ficado sabendo, uma empresa havia comprado duas casas junto à esquina e começaria a operar ainda no mesmo ano.

Era uma reforma completa. Derrubaram paredes, construíram outras. Aumentaram aberturas, mudaram a fachada, a elétrica foi toda refeita e o acabamento ficou lindo. A comunidade achou estranho uma obra tão grande em uma região pobre como a periferia de Águas Lindas de Goiás, mas era bem-vinda. Como aconteceria em cidades pobres, logo a obra chamou a atenção dos vizinhos que se admiravam com o grande número de operários sempre em ritmo acelerado. "Está ficando uma beleza." – Orgulhava-se Elson ao comentar em casa.

O pagamento saía toda a sexta-feira e ajudava a manter a família, uma vez que não houve perda em relação ao salário anterior como auxiliar de limpeza. Em breve, a empreitada terminaria e o curso também. Quem sabe a nova profissão poderia dar chance de trabalhar em um lugar tão bonito como o prédio que Elson ajudava a reformar?

Independentemente do dinheiro, era inegável que a vida estava melhorando. O trabalho ficava próximo de casa e, nos intervalos, Elson conseguia dar uma passada na vizinha, Jurema, para ver como as crianças estavam. Era um luxo com o qual jamais havia sonhado. Quatro horas de ônibus por dia era algo que estava no passado. Pelo menos por enquanto.

A semana começou com duas missões a cumprir. A primeira era dar um jeito de ver-se livre da azia que queimava há três dias em aparições intermitentes. A outra era a apresentação do relatório sobre os primeiros três meses de atividade da clínica médica social aos investidores. A reunião seria na sexta-feira. O conteúdo estava pronto, mas ainda faltava algo no material arquivado no computador. O resumo do trimestre estava correto, mas precisava de algo impactante; faltava alma no que Marcos teria que dizer.

A chave para o sucesso da empresa de saúde estava na combinação entre rapidez na hora de marcar as consultas e atendimento cuidadoso e de qualidade na periferia. Sem

237

falar no preço bem mais baixo do que os cobrados por consultas e procedimentos médicos do mercado. O balanço das realizações do primeiro trimestre de atividades não seria algo taxativo para o negócio. Os investidores estavam cientes da necessidade de mais tempo para consolidar a clínica. Entretanto, os mentores e apoiadores estavam convencidos de que o projeto ia muito bem e deveria ser ampliado para outras regiões. Por isso, a importância daquela reunião. Em cinco dias, Marcos teria a missão de apresentar um relatório real e justo sobre o negócio. Mas como tornar mais vivo o relato?

Marcos não era parte da equipe da clínica. Não era sócio ou administrador da empresa. Seu papel era fundamental fora dela. Na Z+Y, funcionava como o elo de ligação entre projetos com ótimo potencial, mas sem dinheiro e um seleto grupo de investidores de olho em rentabilidade e impacto social. Ele sabia o quanto o seu conhecimento tinha sido importante na hora de conter o ânimo de investidores apressados e de agilizar a entrega de jovens criativos, mas que tinham pouca capacidade no ramo empresarial. Fez tão bem o serviço que passou a ser reconhecido como um padrinho das empresas novas e um tutor de confiança para quem colocava dinheiro nas iniciativas.

Marcos esqueceu de fechar a torneira do filtro e o copo transbordou. Olhava para algum lugar perdido entre os armários da cozinha. Ao retirar mais um comprimido contra azia da embalagem, a ideia apareceu. Nada melhor e mais claro do que falar de uma experiência pessoal. Pegou o celular e ligou para quem poderia resolver os dois problemas por ele.

O avião balançou um pouco, mas nada que tirasse a atenção de Sophie da tela do computador. Nas quase 9 horas de voo ela teve pouco tempo para pensar em algo que não fosse nos relatórios que havia recebido da empresa que, com seu voto, havia ajudado a criar.

Ainda no aeroporto de Munique, antes do embarque, Sophie analisava com os três colegas que viajavam com ela, a velocidade com que o negócio avançou. Certamente, seria um exemplo para todos os negócios sociais e suas redes. Já na cidade de destino, embarcou em uma van onde adormeceu presa pelo cinto de segurança. Sonhou com vozes confusas e incompreensíveis. Uma delas era de uma mulher jovem. Ao fundo, uma criança chorava. Angústia por ouvir e não compreender. A visão estava confusa como se Sophie tentasse escapar de um perseguidor. Ah... a voz feminina trazia orientações para ela conseguir fugir de alguém que tentava matá-la. "Preciso entender. Preciso encontrar o caminho." – Pensava ofegante no sonho. Sophie corria por um lugar desconhecido; ruas e becos de uma cidade. A voz falou alto como em uma advertência. Sophie virou o rosto em direção à voz que estava bem perto... logo ao lado. Era a refugiada que pedia esmolas ao lado do restaurante onde a ex-ginasta almoçava todos os dias. "So froh, dass du gekommen bist, mein Lieber. Ich möchte dir eine Umarmung mit beiden Händen geben..." ("Que bom que você veio, minha querida. Quero te dar um abraço com as duas mãos.") – Disse a moça com lágrimas nos olhos e em perfeito alemão. Sophie sentiu o calor do abraço da mulher que sorria e mostrava o bebê calmo que repousava.

BLAM!!! A porta da van foi aberta com certa violência. Sophie deu um pulo e acordou tão agitada que chamou a atenção dos colegas. Estava tudo bem. "Só um pesadelo" – Tranquilizou os colegas. Era hora de descer. A porta aberta revelou o quão eficiente eram as películas protetoras dos vidros e o ar condicionado. O sol escaldante fez brotar em segundos as primeiras gotas de suor nas têmporas.

Sophie, os três colegas, um guia local e o motorista desceram da van e puderam contemplar o que parecia um oásis. O veículo ficou estacionado junto ao meio-fio em frente a um portão grande de ferro bem pintado de verde. A mesma cor seguida pela grade que delimitava o terreno. 239

Do lado de fora, um gramado bem cuidado com algumas árvores e arbustos muito dispostos uniformemente pelo canteiro. De fora era possível ver um galpão grande no meio do terreno e três outras construções adjacentes e menores.

O guia convidou os estrangeiros e o motorista para entrarem pelo portão. O simpático segurança já sabia da visita e avisou alguém por um rádio portátil que levava na cintura. Do lado de dentro do terreno era tudo simples e muito caprichado. Sophie animou-se com o que via. De um lado, canteiro com flores e algumas árvores frutíferas. Do outro, uma horta com algo em torno de 70 metros quadrados. Os caminhos estavam marcados com brita e o destino seria o galpão.

Sophie caminhava cheia de expectativa. Ao chegar, sentiu o alívio de contar com a sombra garantida pelo telhado. O pé direito era alto, o que garantia algum refresco em relação à temperatura. Todos os presentes estavam com camisetas brancas com a marca T-wins – nome do projeto vencedor da rodada europeia de investimento – e a expressão "hannaye biyu". Sophie perguntou o que significava e estremeceu ao saber sua origem. A expressão, em Haussá – uma das línguas africanas –, significa "duas mãos" e faz referência a um dos ditos populares mais conhecidos na Nigéria: "Segure um amigo de verdade com as duas mãos." A imagem da refugiada sentada do lado de fora do restaurante voltou com força. O sonho, o abraço, a viagem.

Nos minutos seguintes, os europeus recém-chegados foram apresentados ao projeto. A equipe da T-wins contava com moradores locais liderados por um homem de meia--idade e de fala tranquila.

– Muito prazer. Meu nome é Daren. – Disse o homem que comandava o negócio social. – E essa é Shaira, nossa

futura administradora. – Brincou o pai com a menina que estava abraçada à sua cintura.

Daren era acompanhado por outros três integrantes da empresa. Um dava detalhes sobre os trabalhadores, o segundo, sobre as finanças, e o terceiro, sobre assistência à comunidade local. Junto ao grupo seguia um casal de professores representando as universidades que coordenavam o projeto. O grupo cresceu com a chegada de quatro estudantes autores das pesquisas de meses atrás realizadas com os moradores das favelas.

O trabalho era muito eficiente. Daren explicou como funcionavam as três unidades de negócio. A primeira atividade era a reciclagem de cascas de cacau. A matéria-prima chegava três vezes por semana e entrava pelos fundos do terreno. Todo material passava por compostagem em tanques cobertos e expostos ao sol. Depois do tempo de decomposição, o produto era ensacado e estocado em uma sala grande e ventilada no fundo do galpão. A atividade tinha clientes com contrato assinado por 18 meses e com venda garantida antecipadamente. Todos os trabalhadores recebiam parte do preço de venda. O restante era dividido entre o caixa da empresa e um fundo compensatório para que se alguma atividade fosse mais lucrativa do que as demais, houvesse uma equiparação salarial interna. Era o que Daren e os professores batizaram de amortecedor social.

A segunda unidade de negócios era uma geradora de fibra de coco. Máquinas iguais às que trituravam o cacau eram utilizadas para triturar cascas de coco. O resultado é um ótimo substrato para plantas. A vantagem era o ciclo muito mais rápido no coco do que na primeira unidade de negócios, apesar do volume menor de matéria-prima. As contas desta segunda unidade seguiam os mesmos moldes da unidade anterior.

O terceiro produto da Cocoa SB (Social Business) era um verdadeiro achado. Durante o trabalho de construção de um dos prédios locais, foi descoberta uma nascente entre árvores e pedras que estavam no meio do terreno. O prédio 241 *foi construído na outra extremidade do lote e a fonte, preservada. Testes de laboratório revelaram que se tratava de água mineral e em grande volume, o que explicava um riacho que brotava das pedras. Estudos feitos na universidade mostraram o tamanho da demanda e a facilidade de venda num quadro tão grave de desabastecimento como o nigeriano. Em seguida, foi preciso dimensionar o que seria uma extração responsável para não secar a fonte e, logo, a água passou a ser vendida em sacos plásticos e preços muito baixos para a baixa renda. O lucro foi rápido. Com ele e com o adubo de cacau, foram plantadas árvores nativas em volta da nascente para que uma pequena mata protegesse o local.*

Os europeus estavam extasiados. Largaram cadernos, canetas e sentaram-se para ouvir os relatos. Ninguém imaginava que o apoio financeiro viraria um negócio tão promissor e tão impressionante como o que estavam presenciando. Em um dos canteiros ao lado do galpão, os funcionários plantaram flores e já falavam em um possível negócio com venda de flores ornamentais cultivadas em estufas. Sophie chorou de emoção e sentiu-se abraçada pela comunidade. Era como cumprir a missão para a qual tinha nascido sem até então ter descoberto qual era. Agora sabia. Era como ser abraçada... com as duas mãos.

Francisco já nem sentia o peso de trabalhar no novo ramo. Os primeiros 10 meses de operação do negócio social foram o suficiente para provar que o modelo era um sucesso. Agora, preparava-se para sustentar uma nova tese de investimentos. A empresa chegava à milésima entrega e os números eram melhores do que o esperado. Nas primeiras semanas os clientes não haviam entendido direito como funcionava o serviço. Nada que um pequeno esforço de marketing não resolvesse.

Como teste, foi montada uma casa de coleta de resíduos. Cada pessoa que entregasse o seu lixo separado entre orgânico e reciclável receberia em dinheiro um valor correspondente ao peso de lixo orgânico entregue. O valor não era pago na hora, mas convertido em uma moeda virtual armazenada na conta do cliente cadastrado no aplicativo da empresa. De tempos em tempos, era liberado o saque ou transferência para conta bancária.

Aparentemente, poderia não ser muito interessante, uma vez que uma pessoa não ganharia muito dinheiro levando o seu lixo para a casa de coleta. Entretanto, zeladores de condomínios viram naquilo uma grande oportunidade recolhendo e entregando grandes volumes de lixo semanalmente. Catadores de resíduos, que atravessavam a cidade carregando carrinhos cheios para os aterros localizados em pontos distantes, poderiam encurtar caminho e entregar direto na casa de coleta.

O que a empresa havia feito era terceirizar a cara logística de entrega do lixo. Ela pagaria aos cidadãos que entregassem em vez de contratar caminhões e equipes para ficarem rodando em busca do que as pessoas deixavam nas lixeiras. Além disso, através da remuneração, gerava engajamento e mudança de comportamento na sociedade. O lixo entregue passava pela compostagem e era vendido como adubo. O reciclável ia direto para as indústrias da região.

A apresentação estava pronta e Francisco, muito tranquilo. Estava relaxado ao lado de alguns colegas tomando o café. Eles queriam saber dos números, mas ele negava. "Só na hora da apresentação. Faltam 15 minutos. Até lá, posso ter alguma nova ideia." – Brincava, simulando alguma carta na manga. O objetivo era defender a abertura de mais seis unidades em comunidades muito populosas, de baixa renda e com histórico de problema com a coleta e acúmulo de lixo nas ruas. Para facilitar a visualização do sucesso do empreendimento, Francisco decidiu começar com a história de um personagem. Um personagem animado representando um senhor de barba e sorriso simpático.

– Senha 227. Era o número marcado no papel que saiu automaticamente depois de apertar o botão. Marcos estava surpreso com o aspecto da clínica que ajudou a fundar. A sala de espera estava com bastante movimento, mas parecia haver boa rotatividade. Sentou-se e conferiu a hora no relógio. Se tudo estivesse funcionando bem, ele seria atendido em poucos minutos.

– "Não se preocupe. Aqui, tudo funciona e é bem rápido." – Disse uma senhora sentada ao lado que notou quando Marcos olhou o relógio pela terceira vez.

A senhora deu um sorriso e completou:

– "Sabe moço... eu nem lembro de quanto tinha ido a um médico, mas com a dor que tenho sentido no joelho, não teve jeito. E agora, com essa clínica na porta de casa... ficou muito bom. O Dr. Humberto é um moço muito bonzinho."

– "Dona Jurema" – Chamou uma enfermeira com alguns papéis na mão. "Vamos para a consulta?"

– "Vou indo, meu filho. Estou fazendo tratamento e tenho que voltar para cuidar dos filhos da minha vizinha."

Marcos deu uma resposta qualquer, abrindo um sorriso para a senhora que seguiu a atendente. Em seguida, foi a sua vez. Antes de ir ao médico, foi chamado para a sala de triagem.

– "Olá, eu sou Elson, sou enfermeiro e preciso abrir o seu prontuário."

Marcos leu o crachá do enfermeiro e percebeu um leve movimento como um reflexo no braço esquerdo. Percebendo o olhar do paciente, Elson explicou que havia sofrido um mal súbito quando trabalhava como servente de limpeza em outra empresa. Contou como seria o atendimento feito em etapas e que poderia contar com a ajuda de qualquer funcionário da clínica, caso precisasse. Da triagem, Marcos seria encaminhado a um médico que trataria da sua gastrite, depois teria que retornar em alguns dias. Sem maiores detalhes, Marcos explicou o quanto estava satisfeito com o que via na clínica e contou que ajudou a desenvolver o negócio. A conversa com Elson revelou duas pessoas orgulhosas do próprio trabalho. O enfermeiro, recém-formado, havia conseguido o que tanto queria. Marcos havia acertado um alvo que, inicialmente, nem sabia ao certo qual era. Agora, na ponta, na periferia, tinha noção do quanto o processo do qual participara era importante.

– "Ah... não posso esquecer. Se o senhor precisar de algum remédio, pode entrar na farmácia ao lado. É nossa parceira. A farmácia social serve de apoio à nossa clínica. Lá, o senhor pode falar com a Karol, minha esposa." – A triagem estava concluída. Estava na hora da consulta. Elson aproveitou para agradecer ao paciente que havia sido fundamental para a mudança da vida dele e da família.

Quando chegou ao trabalho, João Raimundo foi recebido com uma ótima notícia. A empresa estudava a abertura de seis novas casas de coleta. O projeto estava sendo comunicado aos funcionários como prova do sucesso obtido naquela unidade piloto. Para ele, não era necessário projeto ou prestação de contas. A comprovação do sucesso da empresa ele sentia no bolso. Depois de meses desempregado, aquela conversa na obra com os operários trouxe um ótimo resultado. João Raimundo foi selecionado para trabalhar na casa de coleta de resíduos. Todos os dias, conferia o lixo entregue por cidadãos que separavam o material e entregavam no balcão. João pesava o material orgânico ensacado e gerava o crédito correspondente na conta de quem entregou. O produto ia direto para uma unidade de compostagem no quintal dos fundos. O resíduo reciclável era separado, prensado e vendido para a indústria.

Só esta atividade já garantia uma renda, mas João Raimundo percebeu outra oportunidade. Como havia

245

conseguido pagar a multa e recuperar o carro no depósito depois da blitz contra o transporte pirata, ativou o grupo que mantinha na rede social. Dos antigos clientes, a maioria aceitou o contato e, de passageiros, passaram a doadores. Em pouco tempo, João era o maior pontuador da plataforma, levando o seu lixo e também o dos seus antigos "clientes". Aumentou a receita mensal e gerou um negócio dentro do negócio. Era atendente da empresa e coletor na comunidade. Três vezes por semana, passava com o carro e um reboque em 17 endereços pela região e coletava o que podia. Inicialmente, precisou orientar os fornecedores sobre como separar o lixo adequadamente. Depois, todo mundo comprou a ideia de não deixar mais sacos e sacos na calçada na frente de casa.

Alguns dias depois, João foi surpreendido pela visita de um supervisor. O chefe não trabalhava na casa de coleta, mas em um escritório no centro da cidade. Adalberto chegava com mais um boa notícia. João havia sido o maior pontuador entre todos os entregadores de resíduos. Com isso, havia ajudado a aumentar o faturamento da empresa. Como prêmio, foi convidado a assumir um posto de comando da casa de coleta com especial tarefa de aumentar a captação de resíduos na vizinhança. Recebeu um folheto com a imagem de um homem de meia-idade e barba chamado João. A mascote havia sido criada para as peças de marketing da empresa e era inspirada nos números obtidos por João Raimundo. Ele assinou um termo de autorização e encerrou o dia de trabalho voltando para casa a pé e certo de que não precisava mais da televisão para manter a esperança. As boas notícias passaram a ser as suas.

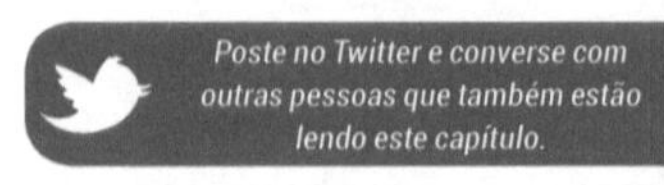

Guilherme Portanova

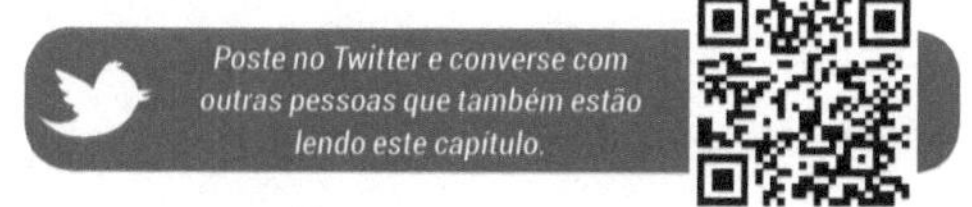

CONCLUSÃO

#edb_Conclusao

Não há um brasileiro que não tenha ouvido falar da necessidade de uma reforma tributária. A estrutura de impostos no Brasil é digna de nojo. Como a maior parte dos impostos concentra-se no consumo, o pobre paga a fatia mais pesada das contas. Além disso, os grandes empresários costumam receber dividendos que, no Brasil, não são tributados. Há uma enorme massa de milionários que ganham um salário mínimo na carteira de trabalho e muito dinheiro como distribuição de lucros. Estes fatos e muitos outros geraram um quadro de horror. Os impostos tomam 48% da renda dos pobres e 26% da renda dos ricos.

Está claro que a sociedade produz o que ela quer e que não estamos mexendo com forças ocultas e incontroláveis. Nós precisamos fazer o mundo que queremos e isso tem que acontecer imediatamente. Em 2007, o governo do Equador decidiu fazer a auditoria da dívida pública e descobriu o que outros países também haviam descoberto: os valores cobrados pelos bancos eram abusivos, indevidos e haviam sido estabelecidos a partir da prática de diversos crimes, como corrupção de agentes públicos. Auditados, os números viraram uma campanha divulgada internacionalmente e o governo parou de pagar tanto dinheiro. Os investimentos sociais triplicaram no país. A mesma auditoria foi feita no Brasil, mas os políticos parecem ter pavor de falar no tema. 247

Ao parar em um semáforo em qualquer cidade de médio ou grande porte no Brasil, é possível ver pessoas pobres pedindo dinheiro. Nosso julgamento moralista, logo avalia se a pessoa aparentemente está alcoolizada ou drogada para negar a ajuda; avaliamos se crianças estão sendo usadas para comover os condutores. Algumas vezes, fechamos o vidro do carro ou aceleramos antes da abertura do sinal para não passarmos pelo constrangimento de falar com uma pessoa que está em situação vulnerável.

No passado, açoitávamos escravos para que trabalhassem nas nossas fazendas que enviavam riquezas – cana-de-açúcar, ouro, café... – para outros países e enriqueciam seus proprietários. O tráfico de negros da África para o Brasil foi um dos negócios mais lucrativos e cruéis da história. Milhões de pessoas deixaram suas terras para serem vendidas como mão de obra do outro lado do Atlântico. Hoje, sentimos vergonha por este modelo econômico lucrativo que dilacerou um continente inteiro; assim como europeus devem sentir vergonha pela partilha da África.

Estou certo de que no futuro sentiremos vergonha por vivermos em uma época onde deixamos crianças chegarem ao ponto de precisar pedir moedas nos sinais de trânsito e apanhar de seus pais por que não conseguiram o suficiente para a comida. Sentiremos muita vergonha disso. É a expressão da crueldade do nosso tempo.

É preciso que tenhamos noção de estabelecermos princípios e metas que desumanizam o Planeta. Produzir e acumular nessa escala é insano. Não há recursos suficientes para seguir expandindo números e aumentar a exploração de recursos tão escassos. Não é sustentável continuar esperando índices crescentes de produção e consumo. Para que o sistema continue em movimento dentro da dinâmica atual, estaremos perpetuando o ciclo do enriquecimento de poucos e empobrecimento de muitos.

Observe o que tem acontecido com o preço dos alimentos. Nossa forma de produzir e transportá-los está baseada em petróleo e os custos da comida são comandados indiretamente pelos produtores de combustíveis. De acordo com o matemático norte-americano, John Casti, "mais de 4 milhões de pessoas ficaram pobres desde junho de 2011 devido ao aumento dos preços dos alimentos [...] e o preço mundial dos alimentos subiu quase 40% desde o início de 2010."[47]

Gostaria de acrescentar outro movimento importante e que tem o mesmo resultado ou pior e nem sempre é detectado nas estatísticas. Há diversos casos nos quais o preço não sobe, mas o produto fica mais caro. No Brasil, são raras as categorias de trabalhadores que conseguem algum ganho real de salário anualmente em suas convenções coletivas. A regra tem sido perda em relação à inflação. Ao longo do tempo, o trabalhador perde poder de compra e, mesmo que o quilo do arroz não sofra alteração, acaba ficando mais caro para quem precisa do alimento. O mesmo vale para o setor de serviços também. Os exemplos são os mais diversos, mas com a pressão dos setores econômicos pelo encolhimento da presença do Estado as consequências têm sido graves.

No Distrito Federal, por exemplo, temos acumulado reajustes de impostos e tarifas a serem pagos pelo cidadão. Em 2017, o Governo local anunciou que não mais forneceria o auxílio para a compra de material escolar dos estudantes das escolas públicas. Os estudantes recebiam, anualmente, um cartão com um crédito

---

47 CASTI, John. *O colapso de tudo* (Locais do Kindle 1.462). Intrínseca. Edição do Kindle.

de 80 reais a serem gastos em livrarias e papelarias. A partir de 2018, não haverá mais o auxílio e 400 mil pais pagarão a conta sem ajuda do Poder Público.

Na mesma época do anúncio, o orçamento aprovado para o Governo prevê R$ 453 milhões[48] para os deputados locais gastarem no mesmo ano em que serão realizadas eleições em todo país. Façamos uma conta simples: para dar uma ajuda de R$ 80 para cada um dos 400 mil estudantes de todas as escolas públicas, o Governo precisaria de R$ 32 milhões. O total seria 14 vezes menor do que o dinheiro dado aos políticos locais para o ano em que despejarão montanhas de dinheiro durante suas campanhas eleitorais. Curioso é que se você perguntar à população – e seus políticos – todos dirão que a saída para os problemas brasileiros está na educação. Onde? Obviamente, é apenas marketing. A justificativa apresentada pelo governo é que a lei que determinava o pagamento do auxílio para o material escolar era inconstitucional, pois não apontava a fonte para o pagamento do benefício. Ora, caso haja um problema com o texto da lei, bastaria editar as alterações e manter o programa que beneficia tanta gente. Não é uma exclusividade desta região do Brasil, mas é fato que os recursos "aparecem" quando o caso interessa às autoridades. Basta ver que para as emendas dos deputados, o dinheiro apareceu.

Em 1972, o rei do Butão, Jigme Singye Wangchuck, criou o termo "Felicidade Interna Bruta" – FIB. A ideia era uma resposta aos críticos que apontavam o país como exemplo de pouco crescimento econômico. Um dos objetivos do país é promover a felicidade dos cidadãos e as metas socioeconômicas estão

---

48 Disponível em: <https://www.agenciabrasilia.df.gov.br/2017/12/30/loa-2018-e-sanciona-da-com-previsao-de-receita-de-r-269-bilhoes-para-2018/>.

atreladas ao desenvolvimento sustentável e igualitário. Até hoje, o conceito de FIB é sonho de consumo até mesmo dos países onde há menos desigualdade e menores problemas sociais. Em algumas palestras das quais participo, os mais céticos dizem que desenvolver socialmente é possível em países pequenos. Perdi as contas de quantas vezes apresentei exemplos de soluções privadas justas ou políticas públicas eficientes e ouvi como resposta que é impossível implementá-las em um país tão grande como o Brasil. Isso é, no mínimo, uma enorme pobreza de imaginação. Países menores apresentam a vantagem da fácil organização e logística interna mais barata, mas são bem mais limitados em termos de recursos. Além disso, possuem mercados consumidores menores e escalabilidade limitada. Este é só um dos argumentos contra as desculpas pelo tamanho dos países. O tamanho do país não pode ser justificativa para não existir um sistema de saúde eficiente. Comparemos a Suécia e o Brasil. Qual a razão para o segundo não ter educação ou saúde públicas de qualidade como o primeiro? As dimensões geográficas? Impossível! Se esta fosse a verdadeira razão, bastaria que dividíssemos o Brasil em 19 Suécias e aplicássemos um modelo mais eficiente. Aliás, já estamos divididos em 27 Unidades da Federação e poderíamos estar implantando índices escandinavos em cada uma dessas regiões.

A desculpa das dimensões do território ou tamanho da população é apenas uma desculpa. Frase feita sem sentido e que permanece como mito repetido como um dogma. Tudo bobagem. Podemos aplicar as soluções em locais menores e adaptar para os vizinhos e desenvolver cada iniciativa às suas condições práticas. Na ausência voluntária do Estado e na presença do setor privado tradicional, crescem ideias sociais muito bem-sucedidas, como a Porto Social, que pretende ter unidades em todos os Estados brasileiros. A Yunus, a Artemísia e a Porto Social são agências que tentam fazer o que o Poder Público não consegue, e que o setor privado faz de conta que não existe. A soma das duas partes forma a sociedade. Fabricamos a miséria voluntariamente. Produzimos pobreza, desigualdades incríveis e a consequência só pode ser a violência da qual tentamos nos proteger reclamando do governo e recorrendo às empresas privadas de segurança. Estamos sentados em frente à TV reclamando que somos sedentários.

Precisamos levantar e produzir a sociedade que queremos. A escassez não é obrigatória, mas nossas crianças morrem de fome. Não há falta de conhecimento e tecnologia que imponha a morte por parasitoses. Ninguém precisa viver sobre o esgoto. Felizmente, não precisamos mais andar perdidos. Há exemplos de sucesso. Há metodologia. Basta que passemos a considerar a transformação das nossas cidades, de nossas vidas, como prioridade.

É urgente que entendamos que aquilo que recebe valor na sociedade precisa mudar. Por que valorizamos quem vende mais ou obtém mais dinheiro mesmo que os métodos utilizados sejam criminosos ou prejudiciais para outras pessoas? Por que não passamos a dar valor para quem transforma positivamente a vida dos demais? Em vez de premiar o campeão de vendas que empurrou para milhares de consumidores um produto pouco relevante, podemos atribuir valor e prêmios para pessoas que dedicam tempo para reduzir a fome. Basta que criemos novos mecanismos de valorização. O mercado pode ser justo. Podemos produzir a nossa FIB. O Butão não precisa ser um lugar distante e inatingível no alto de montanhas intransponíveis. Comece.

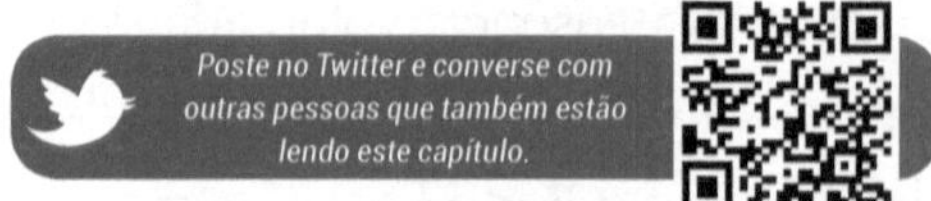

REFERÊNCIAS

BAUMAN, Zygmunt. *Modernidade líquida*. Rio de Janeiro: Zahar, 2001. 280p.

CASTI, John. *O colapso de tudo* (Locais do Kindle 3.561 e 1.462). Intrínseca. Edição do Kindle.

DIAMOND, Jared. *Armas, germes e aço*. São Paulo: Saraiva, 1997.

DOWBOR, Ladislau. *Resgatando o potencial financeiro do Brasil*, Fundação Friedrich Ebert, Análise n. 9/2015. Disponível em: <http://library.fes.de/pdf-files/bueros/brasilien/12046-20160212.pdf>.

GILDING, Paul. *A grande ruptura*: como a crise climática vai acabar com o consumo e criar um novo mundo. Tradução de Renato Aguiar. 1. ed. Rio de Janeiro: Apicuri, *2014*.

HARVEY, David. *17 contradições e o fim do capitalismo*. (Locais do Kindle 3.052). Boitempo Editorial. Edição do Kindle.

HOBSBAWN, Eric. *A era do capital*: 1848-1875. 15. ed. São Paulo: Paz e Terra, 2009.

HOBBES, Thomas. *O Leviatã*. São Paulo: Martin Claret, 2014.

HOLANDA, Sérgio Buarque. *Raízes do Brasil*. São Paulo: Companhia das Letras, 2015.

LA BOÉTIE, Étiene de. *Discurso da servidão voluntária*. São Paulo: Martin Claret, 2010.

LAMMÊGO BULOS, Uadi. *Curso de direito constitucional*. São Paulo, Saraiva, 2011.

SEN, Amartya. *Desenvolvimento como liberdade*. São Paulo: Companhia de Bolso, 2010.

Souza, Jesse. A *tolice da inteligência brasileira*. 1. ed. São Paulo: Casa da Palavra, 2015.

TOZZI, José Alberto. *SOS da ONG*. Guia de gestão para organizações do terceiro setor. São Paulo: Gente, 2015.

YUNUS, Muhammad. Criando um negócio social. Rio de Janeiro: Elsevier/Alta Books, 2010.

Endereços eletrônicos pesquisados:

<http://revistatrip.uol.com.br/trip/o-banqueiro-dos-pobres-muhammad-yunus-propoe-uma-nova-logica>.

<http://dowbor.org/2016/08/ladislau-dowbor-resgatando-o-potencial-financeiro-do-pais-versao-atualizada-em-040820 16-agosto-2016-47p.html/>.

<https://www.icrc.org/pt>.

<http://www.caritas.org/>

<http://www.msf.org.br/>.

<http://www.portalterceirosetor.org.br/>.

<http://g1.globo.com/distrito-federal/noticia/2016/01/contra-cartel-cade-intervem-na-maior-empresa-de-combu stiveis-do-df.html>.

<http:// www.wateraid.org/>.

<http://data.worldbank.org/topic/poverty>.

<https://nacoesunidas.org/estudo-avalia-impacto-do-programa-bolsa-familia-na-reducao-da-mortalidade-infantil />.

<http://g1.globo.com/economia/noticia/balanca-tem-superavit-de-us-776-bilhoes-em-maio-o-maior-para-todo s-os-meses.ghtml>.

<http://www.revistaforum.com.br/2017/04/16/temer-perdoa-divida-de-mais-de-r20-bilhoes-de-sonegacao-do-itau/>.

<http://economia.estadao.com.br/noticias/geral,entenda-o-processo-de-privatizacao-da-eletrobras,7000206 1643>.

<http://www.correiobraziliense.com.br/app/noticia/economia/2017/09/21/internas_economia,627861/quando-comeca-o-horario-de-verao.shtml>.

<https://www.nytimes.com/2017/03/28/upshot/evidence-that-robots-are-winning-the-race-for-american-jobs.ht ml?mcubz=3>.

<http://revistatrip.uol.com.br/trip/o-banqueiro-dos-pobres-muhammad-yunus-propoe-uma-nova-logica>.

<https://www.agenciabrasilia.df.gov.br/2017/12/30/loa-2018-e-sancionada-com-previsao-de-receita-de-r-269-bilhoes-para-2018/>.

Como ninguém escolhe o berço onde nasce, é a sociedade que deve se responsabilizar pelas classes que foram esquecidas e abandonadas. Foi isso que fizeram, sem exceção, todas as sociedades que lograram desenvolver sociedades minimamente igualitárias. No nosso caso, as classes populares não foram abandonadas simplesmente. Elas foram humilhadas, enganadas, tiveram sua formação familiar conscientemente prejudicada e foram vítimas de todo tipo de preconceito, seja na escravidão, seja hoje em dia.

Souza, Jessé. A elite do atraso: Da escravidão à Lava Jato (Locais do Kindle 1300 a 1307). Leya Brasil. Edição do Kindle.